마지막 문장

역사에서 걸어 나온 사람들 1

마지막 문장

— 황현·최치원, 시대의 최후를 기록하다

❖ 안소영 지음 ❖

메멘토

일러두기

1. 주요 인명과 지명에는 한자를 병기하였다.

2. 신해혁명(1911)을 기준으로 중국의 과거 인명과 지명은 종전의 한자음대로 표기하였고, 현대 인명과 지명은 중국어 표기법에 따라 표기하는 것을 원칙으로 삼았다.

3. 제시된 날짜는 모두 음력이며, 한 달 정도를 더하면 양력의 계절감과 일치한다. 필요한 경우 양력은 괄호 안에 표기하였다.

4. 『 』는 책과 정기간행물, 「 」는 편명과 논문, 〈 〉는 신문에 사용하였다. 〔 〕는 한자어의 뜻풀이와 한자가 함께 쓰인 경우에 사용하였다.

5. 풀이가 필요한 단어는 해당 단어 위에 •를 표시하였고, 설명은 각주로 달았다.

6. 한시 원문은 본문 맨 뒤에 실었다.

아버지의 눈길

십여 년도 더 전의 일입니다. 모처럼 친정아버지가 오셨습니다. 부근에 볼일이 있었다지만, 어린 손주가 자꾸 눈에 밟히셨겠지요. 때마침 아이의 친구들이 부르는 소리가 들려왔습니다. 딸네 오셔도 길게 계시지 않는지라, 저는 들썩이는 아이의 어깨를 자꾸 눌러 앉혔습니다. 아버지는 빙그레 웃으며 말씀하셨지요. "나가 놀아라!" 그리고 부리나케 또래를 쫓아가는 아이의 뒷모습을 오래오래 바라보셨습니다. 어쩌면 동무들과 놀이가 우선이었던 당신의 어린 시절을 더듬고 계셨는지도 모릅니다. 달려 나가는 아이 앞에 놓여 있는 길고 먼 시간도 그려 보셨을 테지요. 아버지의 그러한 눈길은 제 마음에 오래 새겨져 있었습니다.

역사 속의 사람들에 관한 글을 써 온 지도 어느새 십 년이 훌쩍 넘었습니다. 만나지 못한 옛사람이지만, 그들이 남긴 흔적을 찾아 그 마음을 깊이 짐작해 보노라면, 누군가의 눈길이 느껴질 때가 있습니다. 커 가는 손주의 뒷모습을 길게 바라보시던 아버지의 눈길과도 같습니다. 한 사람 한 사람의 생은 짧고 유한하지만, 사람과 사람이 어우러져 만든 역사 속에 무한히 이어져 가리라는 것을 잘 알고 있는 이의 눈길입니다.

이 책에서는 천여 년 전의 문장가 최치원과 백여 년 전의 구례 선비 황현의 자취를 찾아가 보았습니다. 일찍이 중국에서도 문장으로 크게 이름을 떨친 최치원이지만, 타고난 골품의 한계와 통일신라 말의 어지러운 정국에 제대로 능력을 펴볼 수 없었습니다. 학문이 깊고 시에도 빼어난 황현이지만, 망국으로 치달아 가는 조선에서 자신이 쓰일 자리를 찾을 수 없었습니다. 두 사람 사이에 놓인 시간은 천 년이건만, 그들이 느낀 절망은 다르지 않다는 사실이 천 년의 세월보다 더 무겁게 다가왔습니다. 그날, 할아버지의 눈길을 받으며 달려 나가던 아이가 청년이 된 지금은 또 어떠한가요?

물론 그간의 모든 역사가 절망적이지만은 않았을 것입니다.

이 땅에서만도 나라 이름이 여러 차례 바뀌고, 흥망성쇠를 거듭해 왔습니다. 그 가운데 벅차고 보람된 날도, 다시 분노하고 절망하는 날들도 있었을 테지요. 이처럼 역사는 일직선으로만 나아가는 게 아니라, 사람들이 자신의 시대와 사회를 어떻게 일구어 놓느냐에 따라 전진하기도, 쇠퇴하기도 하는 것 같습니다. 그러니 마냥 낙관하거나 비관할 수만은 없겠지요.

역사의 수레바퀴가 있다면 어디로 나아갈지 방향을 결정짓는 것도, 실제 움직여 나가는 것도, 결국 그 시대를 살아가는 사람일 것입니다. 천 년의 세월이 흘렀어도 통일신라 말기의 청년 최치원과 조선 말의 청년 황현의 울분과 좌절이 되풀이된 것은, 지금 우리가 살아가는 시대를 어떻게 만들어 가야 하는가에 대해 준열히 깨우쳐 줍니다.

병든 몸으로 산사에 들어온 최치원은 자신처럼 병든 신라에 연연합니다. 하지만 새 세상이 다가와야 함은 인정하고, 이를 위해 분주히 뛰어다니는 젊은 걸음들을 지지하고 격려합니다. 그러한 최치원의 눈길은 젊은이들이 만들어 갈 새 나라에까지 길게 이어졌습니다. 황현은 망국의 기운이 먼 남쪽의 구례 산골까지 드리워지자, 평생 해 온 경전 공부를 접고 젊은이들에게 신학문을 배워 나라의 힘을 기를 것을 권유합니다. 심혈을 기울여 써 온 당대의 기록, 『매천야록』도 여전히 이어 갔지요.

어린 손자의 천진한 얼굴을 보며 앞선 세대로서 부끄러움에 목이 메기도 했습니다. 치욕의 날에 스스로 마지막을 선택한 황현의 눈길은 어린 손자와 젊은이들, 그리고 언젠가 반드시 독립된 세상에서 살아갈 후손들에게로 길게 이어졌습니다.

그리고 보면 우리가 살아가는 현재에는, 천 년 혹은 수천 년, 그보다 더 오랜 시간이 응축해 있는 것 같습니다. 더 앞서 살다 간 최치원은 황현을 몰랐겠으나, 황현은 최치원의 자취를 찾아 그를 기리는 시를 지었습니다. 또 우리는 가야산 해인사로, 구례 매천사로 그들이 남긴 흔적을 찾아갑니다. 그리고 미래의 사람들은, 과거의 최치원이나 황현뿐 아니라 지금 우리의 시간까지 역사로 품을 것입니다.

어느새 아이는 자라, 제가 지나온 이십 대를 통과하고 있습니다. 때로 서운함과 불안함이 찾아오기도 하지만, 그즈음에 마찬가지였던 제 모습을 떠올려 보기도 합니다. 이상과 도전과 발랄함은 젊은이의 몫이고, 기대와 염려와 축복은 그 시절을 지나온 사람들의 몫입니다. 언젠가 아이는 저의 자리로, 저는 늙으신 아버지의 자리로 건너가겠지요. 그때 저의 눈길도 오래전 아버지의 눈길을 닮아 있을까요? 어린 손자에 대한 사랑과 배려와 기대, 지나간 시간을 그리워하는 마음과, 그렇게 이어져 가는 사람의 역사를 담담하게 바라보시던 그 눈길.

첫 책 이래 시대를 이어 가며 역사 속의 인물을 만나 왔는데, 이번에는 성큼성큼 건너뛰며 새로운 인물들을 만나 본 셈입니다. 온 생을 상세히 그린 것은 아니나, 생의 어느 한순간을 깊이 들여다보는 것도 쉽지는 않았습니다. 제 안에서 여러 시간이 섞여 부대끼는 탓도 있었을 테지요.

책의 구상에서부터 원고를 탈고하기까지, 오랜 시간 묵묵히 함께하고 기다려 준 박숙희 대표에게 진심으로 고맙다는 인사를 전합니다. 옛사람의 마음과 흔적을 인상적인 그림으로 되살려 주신 이윤희 선생님께도 감사드립니다. 이 책이 담고 있는 천 년의 시간이 읽는 이들에게도 스며들어, 지금의 삶과 앞으로의 삶을 더욱 단단하고 그윽하게 만들었으면 좋겠습니다.

2019년 겨울에
안소영

차례

글 아는 사람 구실 자못 어렵네—매천 황현

세상에 나를 알아주는 이 없구나 —고운 최치원

◆

글 아는 사람 구실
자못 어렵네

매천 황현

하루

1910년 8월 3일 (양력 9월 6일)

구례 관아 삼문 밖에 흰옷 입은 사람들이 하나둘 모여들고 있었다. 나라에서 새로 포고문이 내려졌다는 소식이 성내 장터에 들려온 것이다. 더구나 임금님께서 직접 내리시는 말씀이라 했다. 마침 닷새마다 돌아오는 구례 성내 장날이라, 물건을 내려놓기도 전의 장꾼부터 심부름 나온 하인, 호기심 많은 국밥집 주모, 머슴을 앞세우고 멀찌감치 걸어오는 도포 입은 양반도 보였다. 장마당에 빠지지 않는 조무래기들도 있었다.

갑오년(1894) 경장°으로 구례현이 구례군으로, 현감이 군수가 되면서 관아도 '군청'이라는 새 이름을 얻었다. 그러나 사람들에게는 현감이건 군수건 그저 '사또'였고, 군청보다는 관아라는 이름이 더 익숙했다. 나라 이름도 마찬가지였다. 새로 수립한 지 십 년이 넘었건만 '대한제국'이라는 말과 임금님을 칭한다는 '황제 폐하'는 도무지 입에도 귀에도 설었다. 관아의 앞마당과 뒤편에 서 있는 버드나무와 느릅나무처럼, 오백 년이 되어 가는 세월 동안 자신들은 여전히 조선 사람이었으며 조선의 임금님이 내리시는 말씀이었다.

오가는 사람이 많이 보이기는 해도 여느 때의 장날 같지는 않았다. 여름 한더위도 지나가고 추석을 앞둔 장인데도 그랬다. 지난해에 끔찍한 난리를 겪은 뒤로 사람들은 집 밖에 나서기를 꺼렸다. 장날이면 읍성 안으로 들어가는 사람들로 번다하던 서시천변 길도 한산했다. 구례뿐 아니라 남녘 성내의 거리가 대체로 마찬가지일 것이다.

삼 년 전에 대한제국의 군대가 해산된 뒤 울분에 찬 군사들의 합류로 조선 의병은 세력이 한층 커졌다. 특히 동학 농민군의 움직임이 활발했던 지리산 일대의 의병 부대는 일본에 큰 위협이 되었다. 1909년 9월, 식민 통치를 한 해 앞두고 일본은

●　　경장(更張): 정치·사회적으로 묵은 제도를 개혁하여 새롭게 함.

대대적인 조선 의병 토벌에 나섰다. '남한대토벌 작전'이라 했다. 일본 군대와 헌병은 해군의 함정까지 동원하여 남녘의 산과 바다를 빗질하듯 수색하고 토끼 몰 듯 조선 의병을 내몰았다. 구례 성내는 물론 지리산 아래 외딴 마을까지 총칼로 무장한 일본군이 들이닥쳤고, 집집을 수색하며 의병의 흔적을 찾았다. 그 와중에 의병뿐만 아니라 수많은 조선 사람이 죽어 나갔고, 살아남은 사람들도 몹시 두려워했다.

십 년 남짓한 세월 동안 숱한 사람이 민란으로, 동학군으로, 의병으로 죽어 갔다. 하지만 지난해 가을과 같은 일은 처음이었다. 반란군으로 몰려 관군의 손에 죽은 것도 비참했지만, 흰옷 입은 조선 사람들이 검은 옷 입은 일본 군대의 총칼에 스러져 간 것은 더욱 참담하고 믿기지 않았다. 삼백 년도 전에 일어난 임진년(1592)의 왜란이 이러했을까?

사람들은 근 일 년간 두려움에 엎드려 있다가 추석을 앞두고서야 조심스레 성내 걸음을 하였다. 마을 사람들이 한날한시에 맞을, 의병과 죽어 간 농민들의 첫 기일이 돌아오고 있기 때문이다.

외삼문 밖 하마비* 뒤편에는 언뜻 보기에도 화려한 종이에

---

* 하마비(下馬碑): 조선 시대에, 누구든지 그 앞을 지날 때는 말에서 내리라는 뜻을 새기어 세웠던 비석.

인쇄된 포고문이 붙어 있었다. 구례군이 남원부 아래로 가게 되었다거나 다시 전라남도에 속하게 되었다는, 그간에 보이던 알림과는 달랐다. 앞으로는 이방을 수서기로 부르겠다거나 구례에도 우체소를 설치한다는 소식도 아니었다. 일본군이 뒤쫓는 의병 장수의 용모파기*는 더더욱 아니었다. 아침 일찍 포고문을 내붙이는 늙수그레한 사령의 얼굴은 침통했고, 평소 늘어놓던 사설도 없이 관아 삼문 안으로 닝큼 들어가 버렸다.

구례 순사 주재소에서 나온 일본 헌병들과 조선인 헌병 보조원들의 기색도 심상찮았다. 멀찍이 물러서긴 했지만, 관아 앞에 모인 사람들을 바라보는 일본 헌병들의 눈은 매서웠다. 왼쪽 어깨에서 오른쪽으로 비스듬히 내려 찬 가죽 권총집은 뭉툭했으나 비어져 나오는 냉기가 서늘했다. 지난해에 쫓기는 의병에게 그리했듯 여차하면 단번에 쏠 태세였다. 조선인 헌병 보조원들의 얼굴은 벌겋게 상기되어 있었다. 의병 토벌의 앞잡이로 나서서 동포에게 손가락질 받는 데는 이골 났지만, 오늘의 소식만큼은 그들도 감당하기 어려운 듯했다. 관아 앞에 붙은 포고문의 내용을 헌병들과 보조원들은 이미 알고 있었다.

"아이고, 아이고! 으흐흑!"

● 　용모파기(容貌疤記): 어떠한 사람을 잡기 위하여 그 사람의 용모와 특징을 기록함. 또는 그런 기록.

앞에 나서서 포고문을 읽은 사람들에게서 울음이 터져 나왔
다. 그대로 주저앉아 땅을 치며 소리 내 우는 사람도 있었다.
앞줄을 차지했어도 글을 모르는 이들은 어리둥절해했고, 뒷줄
에서 목을 빼고 읽어 나간 사람들도 엎드려 통곡했다.

"아니, 이럴 수가! 흐흐흑!"

"아이고, 세상에! 어쩌다 이렇게 되었단 말인가! 으흑!"

"어이, 왜들 그래? 도대체 뭔 소리여?"

언문이 섞여 있다 해도 태반이 글을 알지 못하는 사람들이라
웅성거림은 점점 더 커졌다. 심상찮은 분위기에 다급하게 묻는
말에도 저절로 울음이 번져 있었다.

오래지 않아 포고문의 내용을 모두가 알게 되었다. 뒤늦게
달려온 이들은 읽을 필요도 없었다. 땅을 치며 울부짖는 목소
리들에 참담한 내용이 이미 담겨 있었다. 조선의, 아니 대한의
황제께서 친히 백성들에게 이르시는 마지막 말씀이었고, 대한
제국의 이름으로 내는 최후의 문서였다.

"짐이 부덕하여 이 자리에 오른 뒤 오늘에 이르도록, 정치
와 제도를 새롭게 하고자 여러 번 도모하고 힘써 시험해 보았
다. 그러나 원래 허약한 것이 쌓여 고질병이 되고 극도로 피폐
하여, 한밤중에 근심해 보아도 만회할 방책이 앞뒤로 망연하
다. 끝내는 수습할 수 없는 데 이르고 말 것이니, 차라리 대임

(大任)을 남에게 맡겨 방법을 찾고 효과를 얻게 함만 못하다. 이에 짐은 결연히 성찰하고 확연히 결단을 내려 한국의 통치권을 이웃 나라 대일본 황제 폐하에게 양여(讓與)하여, 밖으로 동양의 평화를 공고히 하고 안으로 팔도의 민생을 보전코자 하노라. 그러므로 그대들 대소 신민들은 국세(國勢)와 시대의 요구를 깊이 살펴 번거롭게 소란을 일으키지 말고 각자 생업에 안주하여, 일본 제국의 문명한 정치에 복종하고 함께 행복을 받으라."

황제의 말씀은 길지 않았다. 친히 쓰셨건, 측근에서 보필하는 이가 대신 썼건 마지못했다. 귀에 들어오지 않는 화려한 말은 허공을 날아다녔고, 오로지 통치권을 일본에 넘긴다는 말만 분명했다. 그럴 수밖에 없었다는 내막은 구구하고 구차했다. 일본의 강요나 협박 때문이 아닌 대한제국의 황제가 내린 결단임을 밝혀 두는 게 무엇보다 중요했으리라. 그러나 대한이건 조선이건 이 나라의 뜻이 아님은 황제도 신하도 백성들도 알고, 심지어 포고문 뒤에 도사린 일본도 분명히 아는 사실이었다. 모두가 아는 진실을 모르는 척하고 얼버무리느라, 말은 진땀을 빼며 흘러 다녔다.

머뭇대며 말미에 덧붙인 말은 황제의 목소리였을까? 부끄럽고 면구하여 차마 붓을 내려놓지 못한 신하가 보탠 것이었을까?

"짐의 오늘의 이 조치는 그대들 민중을 잊음이 아니라 참으로 그대들 민중을 구원하려는 지극한 뜻에서 나온 것이니, 그대들 신민들은 짐의 이 뜻을 능히 헤아리라."

황제에게 전권을 위임받은 총리대신 이완용과 일본 통감 데라우치 마사타케가 협정을 맺었다는 조서*는, 구구한 말조차 더 잇지 못하겠는지 일곱 항목을 나열할 뿐, 건조했다. 도성에는 대한제국과 병합을 선언하는 일본 황제의 조서까지 반포되었다 했다.

사람들의 울음소리와 분노의 함성은 점점 커져만 갔다. 그 소리에, 포고문이건 뭐건 먹고사는 일보다는 중요치 않다며 장터를 지키던 사람들도 삼문 앞으로 달려왔다. 군중이 모여들자 헌병들의 눈초리가 매서워지며 경계 태세를 갖추었다. 젊은 축들은 허리춤에 찬 권총 손잡이에 벌써 손을 갖다 대었다. 하지만 순천에서 온 헌병 분견대 대장은 쉽사리 명령을 내리지는 않았다. 철저히 경계하되, 불필요하게 조선인들을 먼저 자극하지 말라는 상부의 명령이 있었기 때문이다.

임금님의 말씀 아래 엎드려 목 놓아 울부짖으면서도 사람들

• 　조서(詔書): 임금의 명령을 일반에게 알릴 목적으로 적은 문서.

은 이해할 수 없었다. 갑오년에 동학 농민군이 들고일어난 이래, 나라를 바로 세우고 지키겠다며 얼마나 많은 사람이 죽어 갔던가. 얼마나 많은 어버이가 자식을 잃고, 아낙이 과부가 되고, 아이들이 고아가 되었던가. 국경 너머 북쪽의 낯선 나라로 떠난 이들은 또 얼마나 많았던가. 그런데 삼문 앞에 붙어 있는 것은 고작 종이 두 장이었다. 이제까지 수많은 사람의 목숨과 눈물 밴 삶과 바꾸면서까지 지키려 하던 나라가, 저 두 장의 종이로 스러진다는 것이 도무지 이해되지 않았다.

하지만 사람들은 또한 알고 있었다. 그 종이 뒤에는 당장, 허리춤에 총을 찬 채 매서운 눈으로 자신들을 노려보는 저 일본 헌병대가 있음을. 그뿐인가. 지난해에 고을을 샅샅이 뒤지며 총구로 조선 의병을 내몰던 일본 군대, 조선의 쌀을 실어 가려 검은 연기 내뿜으며 목포항에 정박해 있다는 일본 함선, 태황제(고종)를 내몰고 젊은 황제까지 손아귀에 넣고 겁박한다는 일본인 통감과 그 무리가 있는 것이다. 대가를 받고 일본에 적극적으로 협력한 조선의 매국 대신들도 있었다. 그러니 단순한 종잇장만은 아니었다. 엎드려 있는 자신들로서는 어찌해 볼 수 없는 슬픔과 절망에 사람들의 울음소리는 더욱 높아만 갔다.

우우웅─.

멀리서 이마를 드러낸 큰 산이 깊은 속울음을 밀어냈다. 지리산 노고단이었다. 먼 삼국 시대부터 산신제를 올리던 신령스러운 봉우리로, 읍성 안은 물론 섬진강과 구례의 어느 마을에서도 눈을 들면 훤히 바라보였다. 볼 때마다 저절로 어깨가 펴지며 깊은숨을 들이마시게 되는 든든한 산이었다. 고을 사람들은 지리산이라는 이름보다 그저 '큰 산'이라 즐겨 불렀다. 오랫동안 사람들이 살아가는 모습을 굽어본 산이기에 지금 엎드려 통곡하는 이들의 마음을 모르지 않았다. 우우ー, 우우ー, 산줄기를 이으며 내려온 크고 작은 봉우리들이 큰 산의 울음을 흰옷 입은 사람들의 어깨 위로 보냈다. 구례 읍성 아래로 휘돌아가는 섬진강 물줄기도 바다로 흐르기를 멈추고 머뭇댔다.

망국의 소식

큰 산 아래 월곡 마을에도 망국의 소식은 전해졌다. 왕의 조서는 각 고을의 존위, 새로 부르는 이름으로 면장에게도 내려져 성내에 나오지 않았던 사람들도 다 알게 되었다. 구례 군수 이연회는 고을의 명망 있는 유생들에게는 사령을 보내 따로 전달하였다. 어쨌건 대한제국의 황제가 내리는 조서였으므로.

진사(進士) 매천(梅泉) 황현(黃玹)은 월곡 집 사랑에서 왕의 조서를 받들어 보았다. 차마 다 읽지 못하고 도중에 덮어 버렸다. 눈도 질끈 감아 버렸다. 깡마른 얼굴의 반 이상을 차지하는 크고 둥그런 이마에는 여느 때보다 힘줄이 도드라졌다. 희끗희끗한 턱수염 사이로 보이는 가느다란 목의 울대뼈도 더 튀어나와 보였다. 한시도 벗어 놓지 않던 굵은 쇠뿔테 안경도 아무렇게나 서안 위에 놓여 있었다.

경술년(1910) 올해에 쉰여섯, 노인이라면 노인이로되 아직은 회갑 전이었다. 햇볕에 그을리고 여윈 몸에는 주경야독(晝耕夜讀), 말 그대로 낮에는 몸소 농사일하고 밤에는 책 읽고 글을 써 온 세월의 흔적이 배어 있었다. 나이보다 더 늙어 보이기도 하고 더 단단해 보이기도 했다. 여름의 흔적이 아직 남아서인지, 세상사에 몹시 속을 태워서인지, 안 그래도 검은 낯빛이 이즈음에는 더욱 짙었다.

여태 돌아가는 일들을 볼 때 언젠가는 이러한 날이 오고 말리라 짐작은 하고 있었다. 그예 조선이 망했구나 하며 벗들과 탄식하고, 눈물 흘린 일도 여러 번이었다. 나랏일 하는 관리들이 재물과 자리다툼에만 관심 있으니 민란이 끊이지 않았고, 급변하는 나라 밖 현실을 제대로 보지 않으니 백성들의 삶터가 다른 나라 군대끼리 벌이는 전쟁터가 되기도 했다. 청나라와도 러시아와도 싸워 이긴 일본이 조선을 식민지로 삼으려는 속셈을 노골적으로 드러낸 지는 오래되었다.

평소에 황현은 찾아오는 이들에게 자주 이야기했다. 맹자의 말씀이었다.

"사람은 반드시 스스로 업신여긴 뒤에야 남이 업신여기고, 집안은 반드시 스스로 망친 뒤에야 남이 망치며, 나라는 반드시 스스로 해친 뒤에야 외적의 공격을 받게 된다."(『맹자』, 「이루(離婁) 상」)

오래전 옛사람이 하신 말씀은 여전히 생생했다. 그 말씀을 외우고 공부하는 이도 많았고, 나라에서 관리를 뽑을 때마다 시험에 내기도 하였다. 하지만 성현께서 피 토하는 심정으로 하신 말씀을 절절히 느끼고 철저히 방비하는 이는 드물었다. 그렇기에 여태 수많은 나라가 흥망성쇠를 거듭해 온 것 아니겠는가.

하지만 아무리 짐작하지 못한 일은 아니었다 해도 정작 눈앞에서 맞닥뜨린 망국의 현실은 충격적으로 다가왔다. 이제까지 수많은 나라에서 일어났고 언젠가 조선도 그리 되고 말리라 했어도, 직접 겪지 못한 옛 나라들이거나 다가오지 않은 때의 일이었다. 옛사람의 말씀을 그저 '경계'로만 여겨 왔던 것은 자신도 마찬가지였던 것이다. 을미년(1895)에 일본이 왕후를 살해하여 왕을 위협할 때도, 을사년(1905)에 전쟁까지 벌여 러시아를 내쫓고 조선의 외교권을 독점한다 했을 때도, 정미년(1907)에 조선의 군대를 해산하고 남쪽 해안까지 일본의 군대와 헌병이 들이닥쳤을 때도 이런 심정까지는 아니었다. 차가운 얼음물을 정수리에 들이붓는다 할까. 생살을 도려내고 드러난 뼈를 또 깎는다고 할까. 천 길 높이의 까마득한 벼랑에서 떨어지는 심정이라고나 할까.

그저 짐작으로만 여겼던 일과 그 짐작이 막상 실제로 드러났을 때, 그 차이는 컸다. 자신이 짐작한 것이 과연 맞나 싶은 새삼스러운 마음도 들었다. 태어날 때부터, 아니 훨씬 오래전인 오백 년을, 또 조선 아닌 다른 이름으로는 그보다도 더 오랜 세월을 이어 온 나라였다. 집 앞과 마을과 들판을 빙 둘러싼 큰 산처럼, 그 가운데에서 쉼 없이 흐르는 강물처럼, 언제나 당연하고도 묵묵하게 존재해 온 나라였다. 이러다 나라가 망하고 말리라 눈물 흘린 적은 많았지만, 이렇게까지 스산하고 막막한 심정일지 절감하지 못했다. 등 뒤에 버티고 선 큰 산 없이, 그 아래에 흐르는 강물도 없이, 앞이 보이지 않는 사나운 모래바람 속에 홀로 놓인 것처럼 막막하고 두려웠다.

황현은 천천히 눈을 떴다. 지독한 근시라 안경 없이는 아무것도 보이지 않았으나 서안 위에 놓인 안경테의 구부러진 다리를 바로 펴지도, 귀에 걸어 다시 쓰지도 않았다. 보고 싶은 것도, 보아야 할 것도 이제는 없었다.

두툼한 안경알로 가리지 않으니 시선이 나란하지 않은 사시안이 한층 도드라졌다. 왼쪽 눈은 정면을 향했으나 오른쪽 눈동자는 귀 쪽으로 쏠린, 이른바 사팔눈이었다. 두 눈이 가는 길이 따로따로라 무언가를 보고 있는 것 같기도 하고, 아무 데도 보고 있지 않은 것도 같았다. 사람 마음의 또 다른 면을 꿰뚫어 보는 것 같아, 그 앞에서 공연히 주눅 드는 이도 많았다.

작은 방 안은 정갈했다. 한 치의 흐트러짐 없는 황현의 성품 그대로였다. 벽마다 수많은 책이 빼곡했는데, 저마다 자리가 있어 캄캄한 밤중에라도 더듬어 찾을 수 있었다. 그 아래에는 그간 지은 시(詩)와 문(文)이 들어 있는 상자들이 가지런했다. 서안 위에는 필통과 벼루, 책이나 신문 볼 때 쓰는 돋보기와 안경집 들이 나란했다. 십여 년 넘게 써 온 『매천야록(梅泉野錄)』의 빈 초고지는 단정하다 못해 오늘은 파리해 보였다.

먼 구례까지 배달되느라 며칠씩 뒤늦기는 했지만, 최근 일자의 〈황성신문〉이 서안 위에 반듯하게 접혀 있었다. 붉은 점을 찍어 표시해 둔 지난 신문 묶음도 잘 정돈되어 있었다. 일본의 탄압과 방해로 영국인 배설(裵說, Bethell)이 손을 뗀 뒤로 논조가 시들해져 버린 〈대한매일신보〉 묶음도 그 옆에 있었다. 『매천야록』을 쓰는 데 신문은 꼭 필요한 자료였다. 평소와 달리 흐트러진 게 있다면, 서안 위에 거칠게 내려놓은 안경과 읽다 덮어 버린 황제의 조서였다. 그리고 앞으로는 저 빈 초고지를 어떻게 채워야 할지 엄두가 나지 않는 매천의 마음이었다.

오백 년을 이어 온 조선이라는 이름을 난데없이 대한제국이라 바꾸었을 때는 도무지 탐탁지 않았다. 그렇지만 급변하는 세상에 뒤처지지 않고 무너지지 않으려는 안간힘이리라 애써 여겨 보았다. 대한제국 역시 조선이었고, 조선의 왕실이었으므로. 신문을 보다 보니 제호와 함께 자꾸 나오는 '광무(光武)'니 '융희(隆熙)'니 하는 새로운 제국의 연호도 익숙해졌다.

언제부터인가 대한제국이라는 말에서 갓 배달된 신문지 냄새가 나는 것 같았다. 여러 번 베껴서 전달된 조보*나 필사본 책의 송진 내 밴 먹 냄새와는 달랐다. 낯설면서도 강렬한, 먼 데까지 휘발되어 앞으로 나아가는 냄새였다. 조선 왕조의 모색으로 비롯되었지만, 정신없이 밀려드는 외국 세력으로부터 나라와 민족을 지키려는 수많은 사람들, 새로운 젊은이들의 뜨거운 마음이 그 이름에는 어려 있었다. 남녘의 시골에서 상투 틀고 유건 쓰고 앉아 있는 자신은 끝내 나아가 보지 못하겠지만, 그래도 샅샅이 알고 싶은 다른 세상의 냄새였다. 그런데 그 대

● 　조보(朝報): 조정에서 내는 신문 또는 조정의 소식. 조선 중종 이후부터 고종에 이르기까지 계속 발행되어 왔음.

한의, 제국의 문을 닫겠다는 것이다. 아니, 이미 닫혀 버렸다. 앞으로는 저 신문들도 온전하지 않으리라. 나라가 무너져 황제가 '이왕(李王)'으로 전락했는데, 신문의 '황성'이란 이름이 온전하겠는가? 대한이 무너졌는데, '대한'매일신보라는 이름이 온전하겠는가?

지난해 기유년(1909)까지의 기록을 묶어 놓은 『매천야록』 옆에는, 백여 년 전에 강진에서 유배살이를 했던 다산 정약용의 『목민심서』와 『흠흠신서』가 놓여 있었다. 백성을 다스리는 도리와, 형벌을 내릴 때 관리가 유의해야 할 점을 쓴 책이다. 1902년에 대구 광문사에서 출간한 책을 어렵게 구해 둔 것이다. 다산의 외가 집안인 해남의 벗에게 빌려 보았던 필사본은 각각 스무 권이 넘었는데, 납 활자로 인쇄된 책은 네 권 분량으로 가뜬했다. 벗이 있는 해남도, 다산이 오랜 세월을 유배 죄인으로 보낸 강진의 초당도 구례에서는 멀지 않았다. 세상에 내보일 기약 없는 자신의 야록을 쓰다 울적해지기라도 하면, 황현은 손을 뻗어 다산의 저서를 펼쳐 보곤 했다. 풀려날 기약 없는 유배지에서도 오로지 저술에 몰두한 다산을 생각하며 다시 마음을 추슬렀다.

정약용의 이름이 대한제국의 관보에 실린 것은 불과 보름여 전인 7월 15일(양력 8월 19일)이다. "고(故) 승지 정약용은 문장과 나라를 운영하는 재주가 일세에 탁월하였다"라며, 정이품 규장각 제학에 추증한다고 했다. 바로 그다음 날에는, '문도(文度)'라는 시호*까지 내렸다. 비단 정약용에게만이 아니었다. 살아 있는 자들에게는 품계를 올려 주거나 훈장을 수여하고, 세상을 떠난 이들에게는 관직을 추증하고 시호를 마구 내렸다. 이런 조치는 망국 조약을 체결하기 이틀 전까지 계속되었는데, 일본에 나라를 넘기기로 이미 결정된 상태에서도 그랬을 것이다. 뒤늦게 옛 문서를 뒤적여 죽은 신하들의 공을 치하한 것은 조만간 스러져 갈 나라에 대한 일말의 양심 때문이었을까? 황현이 노여울 때마다 하는 말처럼, 시절이 가히 미친개가 뛰어다니는 형국이어서 그랬을까?

비통한 형제

초가을 햇살이 기울어 갈 즈음에 부랴부랴 아우 황원(黃瑗)이 왔다. 추석 채비를 하러 성내장에 갔다가, 망국 소식에 다 그만두고 돌아온 것이다. 절통한 일을 당한 맏형의 심정도 걱정되

---

*   시호(諡號): 왕과 왕비를 비롯해 벼슬한 사람이나 학덕이 높은 선비가 죽은 후에 왕에게 받는 이름.

고, 마찬가지로 터질 것 같은 자신의 속도 내보이고 싶었으리라. 혼자서는 도저히 감당하기 어려운 소식이기도 했다.

형제라지만 십오 년 터울이라, 아우에게는 형이 어버이 같고 형에게는 아우가 맏자식 같았다. 어릴 때부터 맏형을 우러르던 아우는 글과 시도 형에게서 배웠다. 황현이 고향 광양을 떠나 구례로 옮길 때 기꺼이 따랐고, 지금 사는 월곡 마을로 이사 올 때도 마찬가지였다.

황현 역시 그저 막내아우라기보다는, 아끼는 제자나 미더운 젊은 벗처럼 듬직하게 여겼다. 집안의 대소사에 관한 의논은 물론, 자신의 심정을 편히 터놓는 이도 곁에 있는 아우 황원이었다. 농사일에 다져진 깡마르고 다부진 체구와 듬성한 눈썹 아래 고집스레 내뻗은 콧날이 형과 닮았다. 시선이 따로 갈라지지 않은 아우의 눈길은 곧았지만, 강렬하게 내쏘는 기운은 형보다 덜했다. 칼날 같고 매서운 성품도 형에게 미치지는 못했다.

읽다 만 조서를 황현은 사랑 바깥 기둥에 묶어 놓았다. 방에 두기도 싫었고, 그렇다고 오얏꽃 문양이 그려진 황제의 조서를 불사르거나 버릴 수도 없었다. 제 눈으로 직접 보기 전에는 차마 믿지 않았는지, 방으로 들어오던 황원이 들고 와 읽었다.

유생들에게 전해진 황제의 칙유°와 조서는 한문이었다. 입술을 달싹이며 읽어 가는데, 점점 목소리가 떨려 나왔다. 조서를 펼쳐 든 손도 떨렸다.

"황제약왈 짐이부덕 승간대지업 임어이후 지어금일(皇帝若曰, 朕以否德 承艱大之業 臨御以後 至於今日: 황제가 이르노라. 짐이 부덕하여 간대한 업을 이어받아 임어한 이후 금일에 이르기까지)……, 자양여한국통치권 어종전친신의앙지린국대일본황제폐하(玆讓與韓國統治權 於從前親信依仰之隣國大日本皇帝陛下: 이에 한국 통치권을 종전부터 친하게 믿어 의지하던 이웃 나라 대일본 황제 폐하에게)……."

들기 싫어 황현이 한마디 했다.

"그만해라! 더는 못 들겠구나. 정 읽으려겨든 다른 데 가서 보거라."

말 없이 조서를 내려놓는 황원의 얼굴은 흙빛이었다. 더 읽고 싶지 않기는 그도 마찬가지였다.

형제는 오랫동안 묵묵히 앉아 있었다. 작은 방 안이 숨 막힐 듯 갑갑하게 느껴지는 것은 아직 남아 있는 여름 더위 탓만은 아니리라.

황제의 칙유는 길지 않은 글로, 이백 자가 조금 넘었다. 측근의 최고 관료가 보필하였을 텐데, 문장에 능한 이답게 문체가

• 칙유(勅諭): 임금이 몸소 이름. 또는 그런 말씀이나 그것을 적은 포고문.

단정하고 명료했다. 한문만으로도 격에 맞고, 언문을 붙여도 매끄러웠다. 차라리 거칠고 조잡한 글이었다면 보는 이가 덜 참담했을까? 형제의 눈길이 내려놓은 칙유의 마지막 문장으로 갔다.

"짐지금일차거 비망이유중 단출어구활이유중지지의 이신민 등 극체짐차의(朕之今日此擧 非忘爾有衆 亶出於救活爾有衆之至意 爾 臣民等 克體朕此意: 오늘의 조치는 그대들 민중을 잊어버린 것이 아니라 구활하려는 지극한 뜻에서 나온 것이니, 그대들 신민은 짐의 이러한 뜻을 능히 헤아리라)."

쓸쓸한 마음에 두 사람 다 입꼬리가 일그러졌다.

문장은 사람의 마음에 가닿을 때 힘을 지닌다. 그대들을 잊은 것은 아니라는 말은 우선 뭉클했다. 듣기만 해도 가슴 저리는데, 더구나 더없이 존귀한 임금님의 말씀이었다. 그에 감격하여 더 눈물 흘리고 고개 숙인 이들도 있으리라. 이제껏 백성들은 땅을 빼앗기고, 가진 것을 빼앗기고, 마구잡이로 끌려가도 아무 저항도 못 하던, 그저 물건과 같은 존재였다. 웃음과 눈물이 있고, 소중한 가족과 일상이 있으며, 나름대로 생각하고 판단할 수 있는 사람으로서 한 번도 존중받지 못했다. 그런데 고귀하신 나라님께서 친히 '그대들 민중'이라 부르시며, 자신들을 결코 잊은 게 아니었노라 그윽하게 말씀하신 것이다.

황공한 마음에, 조선의 통치권을 일본에 넘기는 것이 백성을 구원하는 길이라는 얼토당토아니한 말이 황제의 진심인 듯한 착각도 들었다.

과연 문장을 아는 자의 솜씨였다. 사람의 마음부터 먼저 강하게 두드리고 보았다. 그의 진심이었을까, 아니면 능란한 붓 끝이 저절로 만들어 내놓은 글귀였을까. 빼어나게 다듬은 문장은 저렇게도 쓰인다. 망국의 참담한 실정을 덮고 치장하며, 거짓을 변명하고 설득하는 데에도……. 그러한 생각을 하니, 서안 위에 놓인 아끼던 붓과 벼루, 매어 놓은 책들에도 형제는 넌덜머리가 나려 했다. 자신들이 일평생 갈고닦아 왔고 지금도 매진하고 있는 문장이 모욕당하는 기분이었다.

문장을 쓴다는 것은 진심을 담아내는 일이다. 문장을 전한다는 것은 자신의 진심을 읽는 이에게 건넨다는 것이다. 같은 시대를 살아도 한 번도 보지 못한 이들에게, 그리고 만나지 못한 옛사람과 만나지 못할 다음 시대의 사람들에게 지금 자신의 마음을 전할 수 있는 유일한 길이었다. 문장은 어떠한 것에도 종속되는 수단이어서는 아니 되며, 그러하기에 안에 진실을 담고 있어야 하는 법이다. 문장을 쓰는 것은 어렵고도 고귀한 책임이 따르는 일이었다. 그처럼 소중한 문장이 거짓을 치장하고 교묘한 술책으로 사람의 판단을 혼미하게 하는 데에 쓰인 것이다. 형제의 얼굴은 지독한 모멸감으로 벌게졌다.

긴 침묵을 깨고 아우가 조심스레 말했다.

"도성에서는 양력으로 8월 29일, 이미 여드레 전에 황제의 조서가 반포되었다 합니다. 망국 조약이 체결된 것은 그보다 이레 전이었답니다. 을사년에 조선이 일본의 보호국이 된다 했을 때보다 더 치욕스러운 날입니다. 그때도 순절한 이들이 많았거늘 오늘에 어찌 더하지 않겠습니까? 그런데 망국의 소식만 전해 올 뿐, 충절의 이야기는 들리지 않는군요. 나라의 녹을 먹고, 나랏일 해 온 고관들은 무엇을 하고 있단 말입니까? 세간에 인망 높은 이들과 모모한 대신들도 의외입니다."

그 말에 형이 쓴웃음을 지었다.

"역대의 간신전(姦臣傳)을 보아라. 순국한 매국노는 원래 없는 법이다."

"그래도……."

황현이 낮은 목소리로 천천히 말했다.

"나라와 운명을 같이하는 것은 그 나라 사람이라면 다 같이 행해야 하는 것 아니더냐? 어찌 대신이나 인망 있는 사람에게만 바라겠느냐? 더구나 자신은 그리하지 못하면서 남을 책망해서야 되겠느냐?"

"……."

방 안으로 길게 비껴드는 저녁 햇살이 황현의 얼굴에 와 닿았다. 동그란 안경알 위에도 내려앉아 번쩍였다. 되쏘는 햇살에 눈빛을 알 수 없는 황현의 얼굴은 우는 듯 웃는 듯했다. 알 수 없는 형의 표정을 바라보는 아우의 가슴이 왠지 서늘해졌다.

이틀

1910년 8월 4일(양력 9월 7일)

댕— 댕—댕—.

새벽 예불을 알리는 지리산 천은사 종소리가 은은하게 들려
왔다. 고요히 잠든 만물을 일깨우는 소리였다. 엊저녁 예불 종
소리를 들은 게 얼마 안 된 것 같은데, 그새 밤이 깊었다가 날
이 밝아 오려는 모양이다. 아니, 이 어스름은 다시 밤이 되려
하는 것인가?

불과 하루 사이에 때 가늠이 제대로 되지 않았다. 아우가 다
녀간 것이 어제인지, 그제인지, 아니면 방금 전인지. 큰아들 암

현(嚴顯)이 보아 놓고 간 아랫목의 이부자리는 구김 하나 없었는데, 마찬가지로 헛갈렸다. 그대로 밤을 지새운 것인지, 저물어 새로 깔아 둔 것인지. 어제 하루가 몇 겁인 듯 길게 느껴지다가도, 앉은 채로 되돌아본 한생은 찰나인 듯싶게 짧았다.

방문을 열고 나섰다. 늘 그랬듯 툇마루에서 하늘부터 올려다보았다. 엊저녁에 집으로 돌아간 초승달은 아직 나오지 않았다. 여기 서서 산 위에 높이 걸린 달을 바라보는 것이 좋아, 황현은 거처하는 사랑 이름을 '대월헌(待月軒)'이라 했다. '달을 기다리는 집'이라는 뜻이다. 보름이 가까워 올 무렵에는 둥그런 달이 하늘과 산과 너른 들판과 마을을 밤새 은은한 빛으로 고루 적셔 주었다. 그런 달밤에는 자다 말고 몇 번이나 밖으로 나와 고요히 잠든 세상을 바라보았는지 모른다. 대낮의 탐욕스럽고 혼란한 세상은 어쩔 수 없거나 영원한 것이 아니며, 그처럼 원래의 순한 모습으로 돌아갈 수 있다는 게 위안이 되었다.

초가을 이른 아침 기운이 제법 서늘했다. 입추에도 처서에도 남아 있던 여름은 음력 8월이 되자 기세가 완연히 꺾였다. 한여름에 기승을 부리던 마당의 풀들은 그야말로 풀 죽어 가는 게 보였고, 제철을 만난 것은 가을벌레들이었다. 새벽 여명으로 세상이 희붐해지고 있는데도 밤벌레 울음소리는 잦아들 줄 몰랐다. 황현은 옷자락의 구김을 손으로 털어 펴고 천천히 섬

돌로 내려섰다. 맨눈으로는 한 걸음도 내디딜 수 없기에, 안경의 꺾기다리 마디를 펴고 귀에 거는 것도 잊지 않았다.

월곡 마을은 생긴 지 삼십 년쯤 되는, 말하자면 '신촌(新村)'이었다. 산에 기댄 여느 마을과 달리 너른 들판 가운데로 나와 있었고, 그래서 산을 바라보기에도 들을 바라보기에도 좋았다. '달실' 마을이라고도 했는데, 높은 산 위에 떠서 넓은 들을 고루 비추는 달을 바라보기에도 이름처럼 물론 좋았다. 눈앞에 바로 보이는 지리산 원사봉 산줄기에 오르면 다시 능선이 이어지고, 능선을 따라 또 가다 보면 저 멀리 보이는 노고단까지 닿을 것이다. 아침저녁으로 지리산 천은사 종소리가, 남동풍이 부는 여름날에는 화엄사 종소리까지 가까이 내려오는 작은 마을이었다.

천천히 마을 길을 걸었다. 밤이 드리워 놓은 컴컴한 장막을 새벽 여명이 뒷걸음질로 걷어 가고 있었다. 큰 산은 건넛마을 물한이 들판 뒤로 바투 내려와 있었고, 가을을 향해 가는 너른 들이 아득했다. 아침저녁으로 소슬한 바람이 불어오면서 들은 부쩍 누런빛을 띠어 갔다. 농사꾼의 오랜 습관대로 황현은 들판의 벼 이삭을 찬찬히 살펴보았다.

"나락이 제법 패었군."

영글어 가는 벼 이삭이 대견해 저절로 혼잣말이 나왔다.

음력 8월 4일, 양력으로는 9월 7일이니 백로를 하루 앞두고 있었다. 볏논의 나락은 적어도 백로 전에는 여물어야 한다는데, 다행이었다. 가뭄에, 호열자*에, 마구잡이 토벌에 산도 들도 사람도 내내 신음하던 지난해와 달리, 올해는 그런대로 사정이 좀 나을 모양이었다. 다행이라 여기다가 어처구니없다는 생각이 금방 뒤를 이었다. 나라가 없어진 마당에 작년보다 더 나아질 올해의 사정이 무엇이란 말인가.

풍년이건 흉년이건, 정작 땀 흘려 일한 사람들이 가을걷이의 기쁨을 누려 본 것은 까마득했다. 수확해 봐야 지주들 배만 불리기 좋은 소작료에, 무슨무슨 세금에, 고리대의 빚 갚음으로 손에 들어오는 게 없었다. 남겨 둔 종자까지 사정을 두지 않고 모조리 걷어가 버렸다. 다시 또 빚을 지지 않으면 다행이나 그러기도 어려웠다. 매년 마찬가지였다. 그래도 서늘한 바람이 불어오기 시작하면 사람들은 또 기대에 찬 눈빛으로 영글어 가는 곡식을 들여다보았다. 그러고는 그해의 풍흉을 가늠하며 웃고 울곤 했다.

얼마 전에 일본은 '동양척식회사'라는 것을 만들어 조선의 토지를 전부 조사하겠다고 나섰다. 조선으로 이주해 올 제 나

●　호열자(虎列刺): '콜레라'의 음역어.

라 사람들을 대대적으로 모집하고 있다는데, 머지않아 남녘의 큰 산 아래 들판에도 훈도시°차림에 게다짝 소리가 가득 퍼질지 몰랐다. 후유, 저절로 한숨이 나왔다. 손에 쥘 것 없는 농사나마 이 땅에서 앞으로 얼마나 더 해 나갈 수 있을까.

『매천야록』을 쓰다

'차라리 그때 산에서 내려오지 않았더라면······.'

황현의 눈길은 오른편, 섬진강 건너 광양 백운산 줄기로 이어지는 산자락을 향했다. 월곡으로 오기 전에 십수 년간 지낸 산골 만수동이 있는 곳이다. 초가집과 서재를 손수 짓고 앞뒤 마당도 직접 가꾸어서 그런지, 그립고 궁금한 마음은 여전했다. 태어나고 자란 광양의 서석 마을보다 꿈에도 더 자주 보였다. 하지만 산마을에 그대로 있었다 한들, 나라가 없어진 이 치욕에서 벗어날 수 있었을까?

1883년에 황현은, 나라의 인재를 널리 구하고자 특별히 실시한 보거과(保擧科)에 응시하였다. 첫 시험에서 시험관이 놀

●   훈도시[褌]: 일본의 성인 남성이 입는 전통 속옷.

랄 정도의 실력으로 으뜸을 차지했으나, 한미한 시골 출신임이 알려지자 차석으로 밀려났다. 마지막 발표 때는 아예 떨어뜨려 버렸다. 나라를 일으킬 능력 있는 인재를 구하겠다며 실시한 과거에서조차 출신을 따지고 집안을 따지며, 여러 가지 부정과 편법이 난무했던 것이다. 조정의 부패한 실상을 목격한 황현은 과거에도 나랏일에도 더 미련을 두지 않고 고향으로 내려와 버렸다. 삼 년 뒤인 1886년에는 아예 고향 광양을 떠나, 스승과 벗들이 사는 구례로 옮겨 왔다.

처음에는 백운산 자락이 구례 쪽으로 내뻗은 만수동 산골짜기로 갔다. 그러고는 마을에서도 가장 높고 깊은 곳에 집을 지었다. 원래 자리 잡고 있던 소나무 뿌리와 가지가 자연스레 울타리가 되었고, 초가지붕 위를 드리운 오동나무는 사람들의 번거로운 눈길에서 집을 가려 주었다. 비좁은 마당의 앞뒤에 과실수를 고루 심었고, 뽕나무로 누에도 쳤다. 국화와 모란, 파초도 가꾸었다. 낮에는 산밭을 일구어 농사지었고, 밤에는 책을 읽고 글을 썼다. 깊은 산골에까지 배우겠다며 찾아오는 이들을 가르치기도 했다. 산골 서재의 이름을 '구안실(苟安室)'이라 했는데, '구차한 가운데서도 오히려 편안하다'는 뜻이다.

책을 읽다 눈이 피로해지면 집 뒤, 매화나무 서 있는 샘을 찾았다. 바람에 나붓나붓 꽃잎이 흩날리면 작은 샘은 은근한 물

무늬로 반겼다. 맑은 샘물 위에 여린 분홍 꽃잎이 내려앉고, 꽃
과 샘물은 각자의 생각에 말없이 잠기는 것이었다. 매화나무와
샘은, 말하지 않아도 서로의 마음을 짐작하는 벗처럼 보였다.
담박한 그 모습이 좋아 황현은 자신의 호를 '매천'이라 지었다.

> 사립문 두드리는 소리 없고
> 초가집은 아무런 꾸밈도 없구나.
> 아직 젊었건만 세상의 분분함 끊어 버리고
> 머리 들어 천 년을 생각한다네.
> 옛사람은 만날 수 없으니
> 오로지 남긴 뜻으로 알아뵈오리라.
> 뜰에 심은 매화나무에
> 꽃 세 송이 아직 그대로구나.
> 가파른 비탈에 눈바람이 불어오건만
> 산림에는 꽃향기가 그윽하다네.
> 한번 웃음에 황하가 맑아지는 듯하지만
> 세속에 더럽혀질까 두려울 뿐이라네.
> 어찌하면 매화 같은 사람을 만나
> 한평생 담박하게 마주할 수 있을까.
>
> ─황현, 「매화나무〔梅〕」

"매천의 붓끝에서 누군들 온전할 수 있으랴〔梅泉筆下無完人〕"라는 말이 세간에서 떠돌 정도로, 황현은 사람들의 말과 행동에서 한 치의 어긋남이나 얼버무림도 용납하지 않았다. 붓끝뿐 아니라 성품도 호락호락하지 않기는 매한가지였다. 강파른 얼굴에 쏘아보는 사시안은 서늘했고, 희떠운 소리가 오가는 자리는 인사도 없이 박차고 나와 버렸다. 거드름 피우며 젠체하는 인사들 앞에서 독설도 서슴지 않았다. 그러다 보니 황현을 어려워하거나 못마땅해하는 이들이 많았다. 진심을 바로 보고 알아주는 이는 몇 안 되는 벗뿐이었다. 하지만 깊은 산골에 들어와 있으니, 매화처럼 담담하게 가까이에서 자주 마주할 이는 오로지 책 속의 사람들뿐이었다.

돌아가신 스승의 문집이나 할아버님과 아버님의 편지를 다시 볼 때면, 이제는 뵐 수 없는 그분들의 따스한 눈빛과 목소리가 곁에 다가오는 듯했다. 수백 년 전, 혹은 수천 년 전에 옛사람이 남긴 글도 마찬가지였다. 문자에 스민 그들의 향기는 가슴에 오래 와닿았다. 기록된 문자에는 인간의 삶과 죽음을 넘어서는, 돌아갈 수 없는 과거와 살아 보지 못할 미래라는 시간의 절대적 한계도 뛰어넘는 힘이 있었다.

황현이 즐겨 보던 책에, 중국의 학자 도종의(陶宗儀)가 쓴 『철경록(輟耕錄)』이 있다. 제목 그대로 '논밭 가는 것을 잠시 멈추고 기록한 책'이다. 도종의는 원나라 말의 혼탁한 시절에 과거에 급제하지 못하자 고향에 내려가 농사지으며 저술에 몰두하였다. 밭 갈고 김매다가도 문득 떠오르는 생각이 있으면 나뭇잎에 적었는데, 원나라 사회의 세세한 모습과 곳곳에서 일어나는 변란까지 모두 기록해 두었다. 오백여 년 전의 중국 사람이지만, 자신의 실력을 온전히 평가받지 못한 젊은 선비 도종의의 울분을 황현은 능히 짐작할 수 있었다. 과거 시험도, 번화한 수도를 드나드는 일도 다 그만두고, 남쪽의 한적한 고향 마을에서 농사짓고 책 읽으며 살아가는 심정도 알 수 있었다. 일하는 틈틈이 커다란 나뭇잎이나 편편한 바위에 써 둔 기록이, 나라와 말과 풍습이 다른 지금 자신의 마음을 움직인다는 점이 황현은 놀라웠다.

옛사람이 남긴 기록을 읽으면 읽을수록, 옛일에만 머무르기보다는 지금 자신의 시대를 써야 한다는 생각이 들었다. 무엇보다 옛사람이 그리 하셨다. 지금 보기에는 모두 옛일이지만, 성현의 말씀은 자신의 시대에 관한 뜨거운 기록이었다. 옛일을 거슬러 보았다 해도, 자신이 살아가는 시대의 눈으로 먼 그곳을 바라보았던 것이다.

시와 문장도 마찬가지다. 사람들은 이백과 두보를 시의 대가니, 한유와 유종원을 문장의 대가니 하며 추어올리고 그들을 흉내 내려 한다. 하지만 이백이나 두보가 살던 당시부터 이백이나 두보의 시풍이 있어서 본뜬 것이 아니요, 한유나 유종원도 마찬가지일 것이다. 단지 자신들의 시대를 살아가며 자신의 시, 자신의 문장을 썼을 뿐이다. 자신의 것에 충실했기에 먼 훗날에 이르기까지 사람들에게 감동을 주고 영감을 주는 것이 아니겠는가.

그 무렵 조선에서 벌어지는 일들은 한바탕 사납게 불어오는 회오리와 같았다. 아래에서는 동학에 희망을 건 농민들이 세상을 바꾸겠다며 들고일어났다. 이를 탄압하고 무마하던 조선 왕조는 한편으로 안간힘을 내어 경장을 시행하려 했다. 청나라와 벌인 전쟁에서 승리한 일본은 이 틈에 본격적으로 조선을 손안에 넣으려 하고 있었다. 나랏일 하는 사람들의 속셈은 제각각이었고, 그에 대한 세상의 평가도 혼란스러웠다. 젊은 한때에 뜨거운 마음을 지녔다 해도 한평생 일관된 이는 드물었다. 선각자였나 싶었으나 어느 순간에 매국노가 되었고, 한번 시작된 매국의 행세는 거침없었다. 일찍이 누구도 겪어 보지 못했을, 불과 하루 뒤의 일도 예측하기 힘든 혼돈의 시대였다.

황현은 걷잡을 수 없는 이 시대를 기록하기로 마음먹었다. 만수동 산골에 들어간 지 십 년이 되어 가는 갑오년 무렵이었다. 기록은 스스로에게는 무엇보다 혼란한 시절을 버티게 해

주는 기둥이 되었고, 돌려 보며 읽는 벗들에게는 시대의 급류
를 함께 헤쳐 가고 있다는 의지가 되었다. 먼 훗날에 황현의 기
록을 읽게 될 이들은, 앞선 시대의 자취를 보며 자신들의 시대
와 삶을 더욱 든든히 만들어 갈 터였다. 황현은 갑오년부터 새
로 쓰기 시작한 기록을 『매천야록』이라 이름 붙였다.

큰 산 아래 너른 들로

1902년에 황현은 호젓한 만수동 산골을 떠나 큰 산 아래 월
곡 마을로 이사했다. 험한 바위가 놓인 가파른 산길만 걷다가
커다란 숫돌처럼 평평한 마을 길에 들어서니, 처음에는 걸음이
허청거렸다. 짐을 실은 나귀가 한달음에 문 앞에까지 이르는
것도 얼떨떨했다. 만수동에서라면 산어귀에 짐을 내려놓고 등
짐이나 지게 짐을 몇 번이고 날라야 했을 것이다. 한동안은 두
고 온 산골짜기가, 오솔길 옆으로 흐르던 개울물이, 샘가에 서
있는 매화나무가 몹시 그리웠다. 그래도 은둔은 옛 마을에서
다하였노라, 마음을 다잡았다.

　　산마을 있을 때는 바위 험해 겁났는데,

이곳은 숫돌처럼 평평해서 좋구나.

나귀 타고 한달음에 문에 이르니

깊은 밤 개울에 달이 지누나.

눈 들어 바라보니 모두 편안해

굳이 명당자리를 구하겠는가.

애써 무릉도원 찾는 것은

참으로 어리석은 이나 할 노릇이로다.

웃으며 남산의 안개를 가리키나니,

은거는 일단 옛 마을에서 하였다네.

— 황현, 「11월 29일에 만수동에서 월곡으로 이거하다(十一月二十九日自萬壽洞移居
月谷)」에서

　황현이 산 아래로 내려온 것은, 벗들의 권유도 있었을 뿐 아니라 위태로워져만 가는 시국에 자신이 할 수 있는 일을 하기 위해서였다. 정신을 못 차릴 정도로 급격히 달라져 가는 세상의 소식도 놓치지 않아야만 했다. 『매천야록』을 쓰는 일은 이제 빼놓을 수 없는 중요한 일과이자 삶의 과제가 되었다. 아무래도 읍성과 가까운 월곡에서는 신문과 관보를 거르지 않고 빨리 받아볼 수 있었다. 구례 성내뿐 아니라 남원과 곡성에서 전해지는 소식들도 생생했다.

　하루가 다르게 새로운 일들이 벌어지다 보니, 한두 해 전의 일은 아득한 옛일이 될 정도였다. 1897년에 대한제국이 수립된 뒤로 신문이 창간되었고, 새로운 학문을 배우는 학교들이 세워졌으며, 서울 종로 거리에서는 열렬한 연설회가 벌어지기도 했다. 오랫동안 다른 나라들에 휘둘리다 보니 조선에는, 아니 대한제국에는 어느 때보다 '자주'라든가 '독립'이라는 말이 곳곳에 흘러넘쳤다. 이 모든 일을 황현은 놓치지 않고 기록하였다.

　그 가운데 새롭게 드는 생각도 있었다. 만수동에 있을 때만 해도 황현에게는, 유학에서 말하는 나라의 질서와 신분 체계에 관한 생각이 단단히 배어 있었다. 임금과 신하와 백성이 할 일은 따로 있으며, 잘못이 있으면 각자의 자리에서 끊임없이 고치도록 아뢰어 바로잡아야 한다고 여겼다. 이러한 질서를 무시하고 일어난 동학 농민들의 항쟁을 탐탁지 않게 여겼고, 삿된 교리에 홀린 백성들이 도적 떼처럼 들고일어났다 하여 '동비(東匪)'라 부르기도 하였다. 하지만 벌어지는 일들을 기록하기 위해 동학 농민군의 주장이 담긴 창의문*을 찾아서 읽고 질서 정연한 내부의 모습을 살펴보노라니, 놀라운 마음이 들었다. 탐관오리를 몰아내고 나라와 백성을 편안히 하겠다는 농민들의 뜻이 그릇되었다고도, 자신과 다르다고도 할 수 없었다.

●　창의문(倡義文): 의병으로 일어날 것을 널리 호소하는 글.

1905년, 을사년 겨울의 참담했던 일을 무어라 말할 수 있을까. 돌이켜 보면 조선은 이미 그때부터 망국의 길에 들어서고 있었다. 조선을 손에 넣으려는 일본은 집요하고도 주도면밀했고, 조선은 우왕좌왕 허둥대었다. 청나라에 이어 러시아와의 전쟁에서도 승리한 일본은 미국, 영국과도 협상을 맺어 조선에 관한 모든 일을 독점하고 지배했다. "대한제국의 외교 사무는 앞으로 일본 동경 외무성의 지휘를 받는다"라는 말로 시작하는 을사년의 조약이 강제로 체결된 것이다. 대한제국 황제가 거부하고 참정 대신 한규설이 서명하지 않았음에도, 외부 대신 박제순을 비롯한 다섯 대신의 찬성으로 조약은 체결되었다. 세상에서는 이들을 '을사오적'*이라 했다.

　조선은 이제 일본의 허락 없이 다른 나라와 대등한 외교를 맺을 수 없는, 일본의 보호국으로 전락하고 말았다. 조선에서 저마다 이권을 차지하고자 서로 다투던 미국과 영국과 독일과 러시아 등은 거짓말처럼 하루아침에 공사관을 철수해 버렸다. 일본과 사전 협상이 있었겠지만, 종이 한 장의 위력은 참으로 대단했다.

　신문의 보도와 울분에 찬 벗들의 편지, 수집한 이야기들을

●　　을사오적(乙巳五賊): 박제순, 이지용, 이근택, 이완용, 권중현.

모아 황현은 그날의 일을 기록했다.

을사년 10월 21일(양력 11월 17일) 밤, 왜놈들이 대궐을 침범해 신조약을 강제로 성립시키고, 참정 대신 한규설을 면직해 유배했다. …… 장안 백성들은 기운을 잃고 방방곡곡에서 백명, 천 명씩 무리 지어 "나라가 이미 망했으니 우리는 어떻게 살란 말이냐?" 하며 크게 부르짖었다. 미친 듯 취하고 슬프게 울부짖었으며 몸 둘 곳이 없는 사람처럼 웅크리고 다녔다. 밥 짓는 연기도 오르지 않아 정경이 참담했고, 한바탕 전쟁이 휩쓸고 간 듯했다. 왜놈들은 군대를 보내 비상경계를 펼쳤다. 그러나 마주 앉아 욕하는 것까지 막을 수는 없었다.

―황현, 『매천야록』에서

나라의 오욕이 그 지경에 이르자 죽음으로써 저항하는 이들이 늘어났다. 조약의 무효와 오적의 처형을 주장하던 노대신 조병세와 민영환은 유서를 남기고 스스로 목숨을 끊었다. 역적의 형이라며 조정에서 불러도 나오지 않던, 갑신년(1884) 정변 때 처형당한 홍영식의 형 홍만식도 같은 길을 걸었다. 이들의 마지막 모습과 세상에 남긴 이야기들을 황현은 상세히 기록하였다. 순절을 기리고 추모하는 시도 남겼다.

대신이 국난에 순절하는 것은

여느 백성의 죽음과는 다르다네.

요란한 소리 지축을 뒤흔드니,

산악이 무너지는 것 같도다.

— 황현, 「조정승 병세(趙政丞 秉世)」에서

황현 역시, 여러 날을 먹지 않고 통곡하며 진지하게 그 길을 생각했다. 이제까지 수많은 역사서를 보면서, 나라와 운명을 함께하여 지조를 지킨 이들의 마지막을 흠모해 왔다. 언젠가 자신에게도 그러한 날이 닥치면 마찬가지 길을 걷겠노라 마음먹기도 했다. 을사년 겨울, 일본의 만행에 한강 물이 흐느끼고 북악산도 신음하던 때가 바로 그러한 날이 아니었을까.

하지만 조선 사람 모두가 엎드려 통곡하고만 있지는 않았다. 나라를 망하게 하는 이들은 고관 대신들이었지만, 언제나 그랬듯 나라를 살리기 위해 목숨 걸고 나서는 이들은 이름 없는 백성이었다. 을사년 이후로 조선 의병은 들불처럼 다시 일어났다. 갑오년에 잔혹하게 진압되었던 동학 농민군의 남은 세력도 조선 의병으로 되살아났다. 이제는 유생과 농민, 구식 군대와 신식 군대의 구별도 없었다. 조선의 자주독립을 가로막는 일본과 그에 맞서 싸우는 조선 의병이 있을 뿐이었다. 황현은『매천야록』에 '의보(義報)'란을 따로 만들어 조선 의병의 항쟁을 기록하고 널리 알렸다.

을사년에 마지막 결단을 내린 이들은 단지 시대에 절망하거나 모든 것을 포기하고 싶은 마음에서 그리하지는 않았을 것이다. 소중한 목숨까지 버림으로써 일본의 침략이 부당함을 규탄하고, 자신의 마지막이 한 점 불씨가 되어 강력한 저항의 불길로 타오르기를 바란 것이다. 그리하여 이 땅에서 마침내 외세를 몰아낼 수 있게 되기를……. 그들의 간절한 염원을 이어 삼천리 방방곡곡에서 조선 동포들이 일어나고 있었다. 황현은 더욱더 자신의 기록을 멈출 수 없었다. 아직은 마지막이 아니었던 것이다.

호양학교를 세우다

아침 해가 산꼭대기 위로 완전히 모습을 드러내었다. 황현의 너른 이마에도 초가을 아침 햇살이 와 닿았다. 이맘때의 하늘은 하루가 다르게 높이 올라가고 바람은 한결 시원해지건만, 황현의 가슴속에서는 좀처럼 상쾌함이 일지 않았다. 햇살은 동그란 안경알 위에도 내려앉았다. 햇빛을 받아 시린 눈에서 자꾸만 눈물이 흘러내렸다.

걷다 보니 어느새 큰길까지 나왔다. 여기서 천변 쪽으로 오리쯤 가면, 두 해 전에 개교한 호양학교(壺陽學校)가 나온다. 을사년의 오욕을 겪은 뒤에, 조선 곳곳에는 나라의 앞날을 열어갈 어린이와 청년을 교육하기 위한 학교가 세워졌다. 황현도 구례에서 벗들과 학교를 세우는 일에 적극적으로 나섰다. 새로 세운 학교 이름을, 방호산(方壺山) 양지쪽에 있다 해서 호양학교라 했다. 방호산은 지리산의 다른 이름이다.

큰 산 아래로 내려와 살게 된 뒤로 황현은 찾아오는 제자들에게 이러한 말을 자주 했다.

"내 나이가 너희보다 많으나, 돌이켜 보니 아쉬운 점이 많구나. 나라의 부강과 후생*에 도움이 되는 서양의 방도를 배우지 못해, 쇠한 내 나라를 구할 수 없는 것이 참으로 유감이다."

뜻밖의 이야기에 놀란 제자가 반문했다.

"그래도 서양학을 배우는 것은 선비의 이름을 더럽히는 게 아닐는지요?"

"생각하면 더럽고도 고약하지. 하지만 다른 나라에 짓밟히고 업신여김 당하는 내 나라의 욕됨보다는 낫지 않겠느냐?"

• 후생(厚生): 사람들의 생활을 넉넉하고 윤택하게 하는 일.

그러고는 경전과 시문을 배우겠다며 찾아오는 이들을 더는 받아들이지 않았다. 낡은 학문을 하지 말고, 앞으로는 신학문을 배우라고 젊은이들에게 권하기도 했다. 이러한 황현의 모습에 실망하거나 화내는 이도 많았다.

"아니, 황현이 어쩌다 그렇게 되었단 말인가? 오랑캐에 혹하여 참과 거짓을 구별하지 못하고 있으니, 정말로 해괴해졌군!"

하지만 황현은 알고 있었다. 자신의 세대가 공부해 온 것처럼, 조선의 젊은이들이 경전을 읽고 옛 문장을 익히며 대구를 맞추어 시를 읊는 것으로는 위기에 빠진 나라를 구할 수 없다는 것을. 거슬러 보면 성현의 학문도 결국은 그 시대의 현실에서 나왔으며, 그러하기에 당시의 세상을 바꿀 힘을 지니고 있었던 것 아니겠는가. 세월이 흘러 시대가 복잡해지고 보다 많은 사람이 골고루 잘 살아가기 위해서는 더욱 구체적이고 쓰임새 있는 공부가 필요했다. 시골집에서 상투 틀고 앉아 경전과 시문을 들여다보고 있다 하여 자칫 고루한 한학자로만 여기기 쉬웠지만, 황현의 가슴에는 이처럼 시대를 담는 뜨거운 마음이 있었다.

황현은 집안과 동리의 아이들에게도, 서당에서 천자문을 읽기보다는 학교에서 신학문을 배우는 학생이 되라고 일렀다. 스승 황현의 가르침을 새긴 제자들은 호양학교의 교사로 참여하였다. 학교의 사정이 어려워졌을 때에는 황현도 서슴지 않고 붓을 들어 모연*을 호소하는 글을 썼다.

> 배움의 보금자리가 어느덧 칠팔 할이나 와해되는 지경에 이르게 되었습니다. 옥을 다듬다가 완성을 보지 못한 격이라, 어린 생도들을 계속 가르칠 방도가 없으니 안타깝기만 합니다. 게다가 월급을 주지 못할 지경이 되었으니 강단에 설 사람이 누가 있겠습니까? …… 오늘날 신학문에 대한 발원은 나라의 모든 이를 위한 소망이었습니다. 고을의 인사들이 하려면 할 수 있는 일인데, 어찌 수전노가 되고 말겠습니까? 이처럼 제일가는 사업에 쓴다면 어찌 큰 보답이 없겠습니까? 일찍이 듣건대 후한(後漢)의 명사들도 뜻있는 이들이 건넨 재물에 힘입었고, 또한 서양의 호걸을 보더라도 그 누가 학교를 거쳐 가지 않은 사람이 있었겠습니까?
>
> ─황현, 「사립호양학교모연소(私立壺陽學校募捐疏)」에서

　도성 안의 고관들도 알아준다는 황현의 명문장에 힘입어 모연금이 모였다. 여전히 고루한 유생들은 경박한 사조를 퍼뜨리

●　모연(募捐): 어떤 일을 하기 위하여 돈이나 물건을 모음.

고 구걸하는 데 문장을 쓴다며, 더욱 질색하고 못마땅하게 여겼다.

큰길에서 내려와 호양학교 쪽을 바라보는 것을 황현은 좋아했다. 아침마다 학교의 시작종이 울릴 무렵이면 일부러 나와 있는 적도 많았다. 자그마한 동종(銅鐘)이지만 들판 위로 퍼지는 울림이 제법 멀리, 오래갔다. 종소리를 들으며 천천히 되돌아왔는데, 그럴 때면 깐깐한 황현의 얼굴에 보기 드문 웃음이 어렸다.

하지만 오늘은 학교가 있는 방향으로 차마 눈길을 보낼 수 없었다. 망국의 소식은 학교에도 전해졌으리라. 교실에 모인 학생들과 교사들의 마음은 어떠할까. 그들보다 앞선 세대로서 나라도, 학교도, 젊은이들의 꿈도 끝내는 이 모양으로 만들어 놓았다는 생각에 고개를 들 수가 없었다. 안 그래도 학교의 형편이 어려운데, 나라가 없어진 마당에 얼마나 더 지탱해 나갈 수 있을까.

타다다다―, 타다다다―.

착잡한 마음으로 큰길가에 우두커니 서 있는데, 달음박질해 오는 소리가 들렸다. 아이의 가쁜 숨소리도 다가왔다.

"할아버님, 할아버님! 하아, 하아―."

황현이 뒤돌아보았다.

"조반이 준비되었다고 얼른 오시라 합니다."

"오냐—."

황현은 아이에게 손을 내밀었다. 여덟 살 난 맏손자 인주(麟周)였다. 어린 손자를 바라볼 때만큼은 황현도 여느 할아버지의 표정이었다.

월곡으로 이사 온 이듬해에 손자가 태어났을 때는 참으로 기뻤다. 자식 키우는 것이 녹록지 않음을 이미 알고 있는 아비였지만, 할아버지가 되니 그 사실을 잊어버리고 또 새로운 기대도 품게 되었다. 손자를 품에 안던 날, 황현은 기쁜 마음을 시로 남겼다.

> 높은 벼슬 바라지 말고 가난도 싫어하지 말고,
> 즐거운 나라에서 천진스러운 마음으로 지내거라.
> 간곡함 담아 천 권의 책을 네게 주리니,
> 대대로 세상에서 글 아는 사람이라 불리거라.
> ─황현, 「손자를 안게 된 기쁨(抱孫志喜)」에서

손자를 얻으니, 자신이 태어난 이듬해에 돌아가셨다는 할아버지 생각도 났다. 몰락한 양반가였던 황현의 집안은 오래도록 지독히 가난했다. 할아버지 황직(黃穡)은 주변의 반대와 비난을 무릅쓰고 장삿길에 나서서 재산을 크게 불렸다. 하지만 학문을 다하지 못한 한이 크셨던지, 집안의 재물을 오로지 손자가 공부하는 데에만 쓰라는 유언을 남기셨다. 할아버지가 돌아가신 뒤에 가세는 급격히 기울었지만, 황현의 아버지 황시묵(黃時黙)은 선친의 당부를 잊지 않았다. 아들들과 집안 젊은이들의 공부를 우선으로 여겼고, 책을 사들이는 데 돈을 아끼지 않았다. 집안에 변변한 세간은 없어도 책은 부족함이 별로 없었다. 만수동 구안실 서재와 월곡 마을 대월헌 사랑의 빼곡한 책들에는 할아버지와 아버지의 간곡한 마음이 서려 있었다.

그런데 자신은 손자에게 무엇을 남겨야 할까? 손자가 천진스러운 마음을 간직하고 평화로운 나라에서 살아가기를 바랐으나, 태어난 지 십 년이 못 되어 이렇듯 망국의 날을 겪고 말았다. 어린 손자가 살아갈 앞으로의 세상은 어떻게 펼쳐질까? 마음이 더욱 울적해졌다.

"할아버지!"

손자가 다시 한 번 부르며 손을 끌었다. 곰살맞은 어린 손자의 청보다 더 강한 것은 없었다. 황현은 천천히 발길을 돌려 손자와 함께 집으로 향했다. 안쓰럽고 미안한 마음에, 잡은 손을 더욱 꼭 쥐었다.

그리운 벗들

"아니, 매천! 자네 왜 이리 수척해졌는가?"

여윈 팔을 잡으며 묻는 벗의 목소리가 은근했다. 영재(寧齋) 이건창(李建昌)의 눈에는 근심이 가득했고, 손으로는 황현의 팔을 안타까이 거듭 쓸어 주었다. 손끝에서 전해지는 따스한 온기에 황현의 가슴도 이내 더워졌다. 강화에서 머나먼 구례까지, 이 밤중에 이건창이 웬일일까?

젊은 시절에 황현이 서울에 드나들 때, 조선에서 문장으로나 인품으로나 볼 만한 이는 이건창이라는 말을 들었다. 강화도로 낙향해 있던 이건창의 집안은 널리 알려진 명문가였다. 할아버지 이시원(李是遠)은 병인양요 때, 강토를 더럽혔다는 치욕에 스스로 목숨을 끊어 세간의 존경을 받았다. 손자 이건창은 열다섯 살의 어린 나이로 과거에 급제하여 세상을 더 놀라게 하였다. 나랏일을 할 때는 강직하고 꼿꼿한 성품으로, 임금이 어려워하고 지방관들이 두려워하며 백성들은 존경하고 칭송하는 관리였다.

언제나 마음을 나눌 벗이 그리웠던 황현은 자신의 문집을 손에 들고 무작정 강화도로 찾아갔다. 하지만 고관의 미움을 받은 이건창이 압록강가 벽동으로 유배 가게 되어 만나지 못했다. 이건창이 유배에서 풀려나고 일 년 뒤에야 비로소 만날 수 있었는데, 오랜 친구라도 되는 양 황현을 반겨 주었다. 황현의 문집을 읽고 탄복했다며, 도성 안의 문인들에게도 두루 소개하였다.

그 같은 환대를 받으며 황현은 내심 놀랐다. 세상 모두가 사람을 가려 사귀던 시절이었다. 시골의 내세울 것 없는 집안에, 이렇다 하는 이의 추천도 없었고, 사팔눈에 행색마저 초라한 황현이었다. 이제껏 자신의 눈앞에서 거칠게 닫히던 문들이 얼마나 되었던가.

그런데 이건창은 황현의 배경이나 겉모습보다도 시와 문장에 담긴 진심을 먼저 알아보았다. 잘난 척하며 흰소리나 늘어놓는 이들을 견디지 못하고 독설로 맞서거나, 그대로 일어서 버리는 황현의 성품도 탓하지 않았다. 칼칼하고 타협 없는 황현의 기상을 오히려 아꼈다. 황현의 가슴속에 있는 곧은 심지를 알아보았고, 황현도 웅숭깊은 성품의 벗을 존경했다.

황현이 만수동 산골에 들어가 나오지 않은 뒤로 두 사람은 오랫동안 만나지 못했다. 서로 그리워하며 시를 써서 보내거나 편지를 주고받기만 했다. 그런데 오늘 밤, 구례 황현의 집까지 이건창이 찾아온 것이다. 오랜만에 보는 벗이 반갑기도 하고 그간의 답답한 심정을 터놓고 싶어, 황현은 더 가까이 다가

갔다.

하지만 벗의 얼굴이 어딘가 낯설었다. 오래전 젊은 시절에 서울에서 자주 만나던 모습 그대로였다. 황현은 그새 늙수그레한 노인이 되었는데, 이건창은 여전히 마흔도 안 된 얼굴이었다. 어쩌면 낯설어진 사람은 벗이 아닌지도 모른다. 서로 우정을 나누던 그때처럼 벗은 여전히 온화하고 정겨운데, 세월의 흐름 따라 늙고 강파르게 변한 것은 자신이었다. 뭉클한 마음에 황현이 손을 내미는데, 어느 순간 벗은 사라지고 보이지 않았다.

"영재, 이보게 영재……."

황현은 애타게 이건창을 불렀다.

툭, 허공을 젓던 황현의 손이 서안 위에 떨어졌다. 손날이 아프면서 어깨가 선득했다. 오싹한 느낌에 정신을 차려 보니 아무도 없었다. 등잔불도 켜지 않은 어둡고 텅 빈 방 안에 황현 홀로였다. 간밤을 뜬눈으로 새우다시피 해서 그런지, 앉은 채로 깜박 잠이 든 모양이었다.

꿈이었다. 아무리 꿈은 사실이 아니라지만, 벗의 따스한 손길과 젖은 목소리가 너무 생생했다. 간절한 눈빛도 마음에 선명히 찍혀 있었다. 심장이 저리고 뻐근한 것도 여전했다. 이러한데 꿈은 허황한 것이며 사실이 아니라 할 수 있을까? 거짓

없는 사실을 진실이라 한다. 그렇다면 꿈에 본 벗의 간곡한 마음이야말로 진실이 아닌가? 어제 본, 우아한 말로 치장하여 화려한 종이에 인쇄된 황제의 조서보다도…….

"매천을 꼭 한번 보면 좋겠는데……."

말년에 병으로 누워 있던 이건창은 황현을 몹시 그리워했다. 다시는 서울 걸음을 하지 않겠노라며 산골에 들어가 있던 황현은, 그 소식을 듣고 부랴부랴 상경했다. 그러나 끝내 생전의 벗을 다시 만나지 못했다. 황현이 강화도에 도착하기 전에 이건창은 세상을 떠나고 만 것이다. 그래도 막 이승을 떠나가는 이건창은 보았으리라. 머나먼 구례에서부터 속울음 삼키며 잰걸음으로 자신에게로 오고 있는 벗을.

그러고 보면 마음을 전한다는 것은, 반드시 같은 세상에서 얼굴을 대해야만 할 수 있는 게 아닌가 보았다. 어디에 있건, 어떤 모습으로 있건, 한번 맺은 지극한 우정은 꿈과 현실의 구분도, 삶과 죽음의 경계도 넘어 생생히 곁에 다가왔다. 어쩌면 이건창이 있는 저곳 세상에도 참담한 망국의 소식이 닿았던 게 아닐까. 그래서 황현의 가슴이 지극한 슬픔으로 가득한 오늘, 꿈에나마 찾아와 안타까이 벗의 팔을 쓸어내리고 또 쓸어내린 것 아니겠는가.

을사년에도 이건창은 황현의 꿈에 다녀갔다. 망국의 조짐에 황현이 절망에 빠져 있던 때였다. 잠에서 깬 황현은 허전하고 쓸쓸한 마음을 시로 남겼다.

> 천하에 상심할 일 있다면,
> 평생의 벗을 꿈에 보는 일이지.
> 만난 즐거움은 오래가지 못하고,
> 깨어난 뒤 슬픔만 길게 남누나.
> 스산한 바람에 대나무 흔들리고,
> 휘황한 눈빛이 들창을 밝히네.
> 옷 걸쳐 입고 홀로 문을 나서니,
> 차가운 하늘에 북두성이 찬란하구나.
>
> ─황현, 「꿈에 영재를 보다[夢寧齋]」에서

꿈에 이건창을 만나니, 바다 건너 중국으로 간 창강(滄江) 김택영(金澤榮) 생각도 났다. 타국에서 이 같은 망국의 소식을 들은 김택영의 심정은 어떠할까. 이건창은 김택영의 꿈속에도 다녀갔을까.

연배가 비슷한 이건창과 김택영 그리고 황현은 빼어난 시문으로도, 지극한 우정으로도 세상에 널리 알려졌다. 김택영이 황현보다 다섯 살 위였고, 이건창은 세 살 위, 황현이 가장 아래였다. 사는 곳도 처지도 다른 세 사람의 우정이 이어질 수 있었던 것은 이건창 덕분이었다.

명문가의 자손인 이건창과 달리 김택영과 황현은 그렇지 못했다. 개성 출신인 김택영은 대대로 상인의 집안이었고, 황현은 먼 남쪽 시골의 몰락한 집안이었다. 황현처럼 김택영도 과거의 초시*에는 뛰어난 실력으로 합격했으나, 인정받지 못하는 상인의 집안이라 대과에서는 번번이 낙방했다. 이건창은 두 사람의 울분과 좌절을 어루만져 주었고, 벗들의 빼어난 시문을 당대의 문인들에게 널리 알렸다.

이건창은 떠나가고 없으니, 이 세상에서 망국의 치욕을 겪고 있는 이는 김택영과 황현, 두 사람이다. 김택영은 중국으로 망명한 뒤였으니, 치욕의 산하에 남아 있는 사람은 황현뿐이었다. 하지만 고국을 떠났다 한들 이 땅에서 온전히 벗어나 있다 할 수 있을까.

을사년 초에 김택영은 구례의 황현에게 편지를 보내왔다.

"해가 바뀌어 또 새해가 밝아 오니, 자못 만 리 밖에 대한 생각이 더욱 간절하다네. 하늘의 영험함을 빌려 소주와 절강 사이에서 노년을 마칠 수 있다면, 장차 섬나라 아이들의 노예가

* 　초시(初試): 과거의 첫 시험.

되는 것보다 낫지 않겠는가? 이 소식이 전해진다면 그대 또한 선선히 거행하려 들 것이네. 다만 이제 우리는 병약한 사람들인지라 떠날 준비가 어찌 쉽기만 하겠는가?"

벗의 편지에 황현은 마음이 흔들렸다. 일본의 탄압이 심해지자, 조선을 떠나 나라의 힘을 기를 방법을 찾아보겠다며 국경을 넘는 사람들이 점점 늘어나고 있었다. 황현도 떠나지 못할 바 아니었다. 위로 부모님은 두 분 다 세상을 떠나셨고, 아들은 자라서 자식까지 본 터였다. 나랏일 하는 처지가 아니니 사직의 번거로움도 없었고, 종가의 젊은 종손을 도와 해 온 집안일의 대소사는 형편과 예법에 맞게 이미 정리해 두었다. 귀밑머리 허연 아내가 마음에 걸리긴 했다. 하지만 늙고 병든 지아비와 낯선 곳을 떠돌기보다는, 차라리 장성한 아들에게 기대어 고향에서 지내는 편이 더 나으리라. 낯선 땅에서 겪게 될 어려움은 홀로 감당하면 될 일이었다.

그래도 수십 년, 조상 대대로 수백 년 살아온 고국을 떠나기란 쉽지 않았다. 찬바람이 불어오면 북쪽으로 올라가 보려 했으나, 뜻밖에도 한창나이의 종손이 세상을 떠나고 집안일이 막막해졌다. 홀로된 젊은 종부와 어린아이가 의지할 곳은 집안의 미더운 어른인 황현밖에 없었다. 이들을 두고 떠나자니, 마치 부모님을 저버리는 듯해 차마 발걸음을 떼기 어려웠다. 결국 황현은 주저앉고 말았다.

김택영은 어찌할까. 십여 년 전에 아들을 잃고 아내와 어린 딸과 지내고 있었는데, 모녀만 남겨 둘 수는 없을 터였다. 단출해도 일가가 떠나기는 쉽지 않은 일이기에 벗도 고심이 크리라 짐작했다. 궁금히 여기던 차에, 김택영이 중국 상해로 떠났다는 소식을 뒤늦게 듣게 되었다. 벗이 가족과 함께 떠난 것은 을사년 조약이 맺어지기 전인 초가을 무렵이었다 한다. 한번 마음먹은 일을 결국 실행에 옮기고야 마는 것이 역시 김택영다웠다. 이러지도 저러지도 못하고 시골에서 그저 울분만 삼키는 자신에 비하면, 벗은 앞을 보는 눈과 칼로 베는 듯한 결단력도 있었다. 그러하기에 그때 떠날 수 있었고, 불과 오 년 뒤에 이처럼 참담한 꼴을 보지 않을 수 있었으리라.

벗이 떠났다는 소식을 듣던 날 밤, 눈이 수북이 내려 문을 덮었다. 황현은 그리움을 담은 긴 시를 지어서 향을 사른 뒤, 김택영이 있는 서쪽을 향해 읽었다.

한강 물이 들끓고 남산이 무너지니,
온 천하가 흙먼지 속 오랑캐 세상 되었다네.
묘당의 벼슬아치들 모두 코뚜레가 꿰이고,
끌채에 묶여 채찍에도 꼼짝 않네.

안목 있는 그대만이 기미에 밝아,

죽으려 해도 길이 없고 살아도 소용없자

홀연히 잘 드는 칼로 물길 베어 건넜으니,

옷도 못 가누던 몸이 큰 용기 드러내었네.

— 황현, 「김택영이 나라를 떠났다는 소식을 듣고 짓다(聞金滄江去國作)」에서

참담한 망국의 날이라 그런지 벗들 생각이 간절했다. 꼭 한 번 서로 얼굴을 마주하고 함께 손잡고 목 놓아 울고 싶었다.

허옇게 센 단발머리가 바람에 너풀거리던 해학(海鶴) 이기(李沂)도 그리웠다. 만수동 구안실로 자신을 찾아온 이기를 처음 만났을 때, 단박에 서로의 마음 깊은 곳까지 바라보았다. 하늘을 나는 기세가 있음에도 한 번도 날아 보지 못한 채, 새장 속의 새로 지내는 자신들의 신세가 가련했다.

이기는 유형원, 정약용 등의 실학을 깊이 연구했고, 신학문도 앞장서 받아들였다. 고루한 폐습에 얽매이지 않겠다며 서슴지 않고 일찍이 상투를 잘랐다. 젊은이도 아닌, 머리가 허연 이의 단발은 볼 때마다 사람들의 구경거리가 되었다. 하지만 그쯤은 조금도 개의치 않았다.

보기 드물게 이기는 황현에게 쓴소리 하는 벗이었다. 그리고 황현도 이기의 쓴소리만큼은 고분고분 잠자코 들었다. 서울에

서 이기가 보낸 편지를 아직도 깊이 간직하고 있었다.

"어리석은 소인도 국가의 위기가 닥쳤음을 아는데, 형은 숲속에 누워 시나 읊으면서 편안히 지내시겠습니까? 그것이 일신의 계책으로서는 참으로 좋을 듯합니다만, 후세의 역사를 쓰는 자가 어찌 여기겠습니까?"(이기, 「황진사 현에게 답하는 글〔答黃進士玹書〕」에서)

이기의 편지는 길었다.

"어떤 사람은 말하기를, 큰 집이 이미 기울고 있는데 고작 나무 하나로 어찌 받쳐 내겠느냐 합니다. 또 어떤 이는, 하느님이 없애려는데 사람이 어떻게 할 수 없다고도 합니다. 하지만 저마다, 나는 한 그루 나무에 불과하다, 나도 한 그루 나무일 뿐 아무것도 못 한다고 한다면, 결국에는 그 한 그루 나무조차 없어질 것입니다. 서울에서 지낸 사 년 동안, 내가 모은 나무는 적지 않습니다. 큰 집을 책임지고 기둥으로 받칠 수 있는 사람을 만나기만 한다면, 하루아침에 일어나 숲이 될 것입니다. 사람이 자신의 할 일을 다하지 않고 섣불리 하늘의 명을 말하는 것은 옳지 않습니다. 나는 후세 사람들의 비판이 오늘날 주위 사람들의 평가보다 더 무겁다고 생각합니다."(이기, 위의 편지에서)

과연 이기는 한 그루 나무로만 서 있기보다는 사람들과 더불어 수풀이 되고자 했다. 기울어 가는 조선 어디에건, 이기가 없는 곳은 없었다. 일찍이 동학 농민군의 장수 전봉준을 만나 서울로 군사를 이끌고 올라가자며 담판하였고, 탁월한 문장으로 조정에도 여러 차례 상소문을 올렸다. 일본으로 건너가 대한제국 침략을 항의하는 한편, 미국에까지 건너갈 계획을 세우기도 했다. '을사오적'을 암살하려다 실패하고 체포된 적도 있었다.

황현이 월곡 마을로 이사 와 호양학교를 세우기 위하여 분주히 다닐 때, 대놓고 언짢은 소리를 하는 이들이 많았다. 어쩌다 반듯한 선비 황현이 '이기의 무리'가 되었느냐며 노여워했는데, 황현은 그 말이 싫지 않았다. 이기를 따르려면 자신은 한참 멀었노라, 혼잣말하기도 했다.

이기는 지난해 여름에 서울의 여각에서 쓸쓸히 세상을 떠났다. 풍토병이었다는 말도 있고, 세상에 절망해 문을 닫고 스스로 곡기를 끊었다는 이야기도 있었다. 어느 하루도 마음 편히 쉬어 본 적 없는 이기의 마지막 소식에 황현은 몹시 가슴이 아팠다. 벗의 죽음을 애도하는 글을 짓고 오래오래 곡하였다.

통달한 그대야 객사를 슬퍼했으련만,

위급할 때 인재 잃어 나는 애통하다네.

관 하나로는 영웅의 기개 거두기 어려울지니,

무지개가 죽은 이 곁을 떠나지 않으리.

─황현, 「해학을 곡하다〔哭海鶴〕」에서

이제는 곁에 없는 벗들을 떠올리니, 여태 자신은 무엇을 했나 싶었다. 병약한 몸이라 이기처럼 떨쳐 일어서지도 못했고, 그렇다고 먼 나라로 떠나 버린 김택영만큼 강단이 있는 것도 아니었다. 살아생전에 너그럽고도 단호했던 이건창처럼, 품을 이들은 품고 일깨울 이들을 일어서게 한 것도 아니었다.

을미년(1895)에 제천에서 의병을 일으킨 의암(毅菴) 유인석(柳麟錫) 선생은, 나라가 변을 당했을 때 뜻있는 이라면 해야 할 세 가지 행동이 있다고 말씀하셨다. 첫째는 의병을 일으켜 적과 싸우는 것, 둘째로는 망명하여 힘을 기르고 후일을 도모하는 것, 셋째는 스스로 목숨을 끊어 절개를 지키는 것이었다. 한때 삼천여 의병을 거느리기도 했던 의암 선생은, 지금은 연해주로 망명하여 일본에 맞서 싸우는 세력을 기르고 있다 한다. 의암 선생이 말한 세 가지 의로운 처신은, 나라의 운명을 근심하는 이라면 한번쯤 진지하게 생각해 보았을 것이다. 황현도 벗들과 이야기 나눈 적 있었다.

벗 이기는 의롭게 일어나 실제로 적을 치고자 하였고, 김택영은 이대로 치욕을 겪기보다는 국외로 나가 할 수 있는 일을 하고자 했다. 이건창은 이미 세상을 떠났으나, 살아서 이 꼴을 당했더라면 당연히 죽음으로써 절의를 지켰을 것이다. 병인양요 때 목숨을 끊어 저항한 그의 조부처럼……. 그렇다면 자신은 어느 길을 가야 하는가? 불도 밝히지 않은 어두운 방 안에서 황현은 오래도록 묵묵히 생각에 잠겼다.

어느 길을 가야 하는가

누군가 자신을 바라보고 있는 듯한 눈길이 느껴졌다. 서쪽 벽면에 붙여 놓은 책장 쪽에서였다. 그리로 고개를 돌리니, 도포 차림에 갓을 쓰고 안경을 귀에 건 깡마른 노인이 자신을 바라보고 있었다. 서울 덕수궁 앞 천연당 사진관에서 찍은 사진이었다. 자신의 모습이건만 볼 때마다 낯설었다.

머리 빗고 상투를 틀 때마다 거울 속 자신의 모습을 보긴 했다. 그러나 오래된 거울이 맑지도 않았거니와, 대강의 윤곽만 보고 말 뿐 골똘히 들여다보지는 않았다. 나이 들어 머리카락이 듬성듬성해지고 빗질할 일이 줄어들면서 그나마도 뜸해졌다. 자주 대하는 식구들이야 익숙한 얼굴이겠으나, 정작 자신은 제 모습을 세세하게 알지 못했다. 거울 볼 일이 줄어들면서,

나이 든 모습은 더욱 그러했다.

이쪽을 물끄러미 바라보는 낯선 노인을 보노라니 기분이 묘했다. 자신이 사진을 보는 것이 아니라, 사진 속 노인이 사진 바깥의 자신을 지그시 바라보는 듯했다. 노인도 시선이 따로따로 갈라지는 사시안이었고, 왠지 울적해 보였다. 그때 벗을 만나지 못해서였을까.

지난해 가을에 김택영이 조선에 다녀간다 하여 서울에 올라갔을 때였다. 추수를 끝내고 십 년 만에 서울 걸음을 하였으나, 그리던 벗은 이미 떠난 뒤였다. 허전한 마음에 강화도에 있는 이건창의 묘를 찾아, 잔을 올리고 시도 지었다. 그가 세상을 떠난 지도 어느새 십 년이 넘었다. 동생 이건승(李建昇)도 만나 함께 서울을 둘러보았다.

오랜만에 보는 서울은, 길은 한층 넓어지고 사람들도 많이 오갔으나, 다들 얼굴에 표정이 없었다. 어두워질 무렵, 남산에 올라 도성을 굽어보면 전깃불이 들어온 대궐이 가장 밝아 구경거리라 했다. 이끄는 대로 가 보았지만 황현의 눈에는 거기가 가장 어두워 보였다. 십여 년 사이에 조선은 더욱 깊이 병들어 나라도 사람들도 모조리 혼이 빠진 듯했다. 한층 번화해진 서울 거리에서 황현의 마음은 오히려 몹시 아팠다.

이건승과 잘 아는, 서화가 김규진이 경영하는 덕수궁 앞 천

연당 사진관에 들렀다. 두 사람의 권유로, 황현은 지금의 모습을 그대로 새길 수 있다는 사진을 찍었다. 검은 보자기를 덮어쓴 사진사가 시키는 대로 사진기의 유리알을 바라보았다. 지금을 잊지 않기 위해서이나, 지금의 현실이 사진판에 박이는 것처럼 그대로일까 두렵기도 했다.

사진을 끼워 놓은 액자 아래에 'Chyon Yon Tang'이라는 서양의 문자가 돋을새김 되어 있었다. 그리고 오른편에 세로로, '매천 오십오 세 소영(梅泉五十五歲小影)'이라 반듯하게 써 놓았다. 황현은 작은 초상을 보며 새삼 자신의 오십오 세 생을 돌아보았다. 그리고 스스로에게 물었다. 그대, 한평생 무슨 회한을 지녔는가?

일찍이 세상과도 어울리지 못하고,

비분강개 토하는 지사도 못 되었네.

책 읽기 즐겼으나 문단에도 끼지 못하고,

먼 유람 좋아해도 발해를 못 건넜네.

그저 옛사람들만 들먹이고 있나니,

묻노라, 한평생 무슨 회한 지녔는가?

—황현, 「오십오 세의 내 작은 초상화를 스스로 기리며(五十五歲小影自贊)」

사진에서 황현은 왼편으로 몸을 약간 돌리고 있었다. 그렇게 앉으니 언제나 바깥으로 틀어져 있던 오른쪽 눈동자가 정면을 향했다. 신비로우면서도 강렬한 눈빛이었다.

사진 속의 황현은 일 년 뒤인 오늘, 자신에게 묻고 있었다.

'어느 길을 가야 하는가?'

사진 바깥의 황현은 도로 사진 속의 그에게 물었다. 자신의 깊숙한 곳을 향하는 물음이기도 했다.

'어느 길을 가야 하는가?'

사진의 안과 바깥이 한 가지로, 굳게 다문 입과 단호한 눈빛에는 이미 그 답이 담겨 있는 듯했다.

사흘

1910년 8월 5일(양력 9월 8일)

어김없이 또 하루가 밝아 오려나 보았다. 희부연 여명이 문지방을 넘어서자 방 안의 책이며 물건이 조금씩 제 모습을 드러내었다. 눈을 감고도 그릴 수 있는 풍경이건만 황현은 오래오래 바라보았다. 엊저녁까지는 그래도 마음이 조금 어지러웠는데, 새벽에 눈을 뜨니 차라리 담담했다.

어둑새벽이었지만 사당으로 가 절을 길게 올렸다. 눈으로나마 아버님 옆 자신의 자리를 찾아보기도 했다. 머지않은 추석과 기제사들에 아들과 아우가 더욱 애를 쓰게 되리라.

아침상을 물린 뒤로 손자를 불러 글씨 쓰는 것을 오래 보아 주었다. 붓을 든 채 고개를 수그리고 있는데, 땋은 머리가 자꾸만 눈에 밟혔다. 아비 암현은 제 아버지 황현의 눈치를 보느라 우물쭈물했고, 할아버지는 아비가 있기에 관여치 않으려 하다 보니 공연히 아이의 머리칼만 길게 자란 것이다. 어차피 내년에 학교에 가게 되면 깎을 일이다. 그래서 더 어정쩡하게 세월만 보냈다. 책보를 메고 학교에 갈 손자를 생각하니 마음이 아렸다. 그 모습 보기를 몹시 기다렸으나, 결국 못 볼 것이다.

오늘따라 손님이 끊이지 않았다. 큰 산이 무너져 내리는 듯한 망국의 소식에 하루 이틀은 집에서 앓다가, 갑갑한 속이라도 터놓을 요량으로 가까운 이들을 찾아 나선 것이리라. 혼자 있으면 터질 것 같은 심정이기에 누군가와 함께 있는 게 그나마 더 나을지도 모른다. 하지만 마주 앉아도 기운이 없었고, 손 잡고 눈물 떨구기는 했으나 무어라 내놓을 말도 없었다. 머리가 허연 이들은 참담한 표정으로 서로 바라보기만 했고, 젊은 이들을 앞에 두고는 곤욕스러워 고개 들지 못했다.

날이 어두워지도록 호젓할 틈이 없었다. 연이어 찾아오는 이들을 맞이하고 배웅하노라니 몹시 고단하였다. 자신을 혼자 두지 않으려는 아들 암현이 만든 일이 아닌가 하는 생각이 언뜻 들었다. 서로 무릎 맞대고 앉아 봐야 더 할 이야기도 없었다.

뒤늦은 한탄도 멋쩍고 부질없었다. 적막해진 주인과 손님은 공연히 바둑판을 끌어당겨, 흰 돌과 검은 돌을 채워 나갔다.

자정이 가까워져서야 비로소 손님들이 다 돌아갔다. 황현은 뒤늦게 배달된 〈황성신문〉을 관솔불에 비추어 보고 있었다. 짐작대로 〈황성신문〉은 조만간 폐간될 모양이었다. 〈대한매일신보〉도 마찬가지였다. 조선의 통치자가 되었다는 일본 황제의 포고문까지 공공연히 나붙은 마당에 앞으로 어떤 일이 더 벌어질지…… 황현은 눈을 질끈 감았다.

"계시오?"

있으나 마나 한 사립문을 밀고 이웃 노인이 마당에 들어섰다. 식구는 많은데 집이 비좁아, 황현에게 와서 더러 묵고 가던 이웃이었다. 아무리 해도 잠은 오지 않고 말동무라도 하면 속이 좀 나을까 하여 늦은 밤에라도 찾아온 모양이었다. 집에 온 이를 내칠 수는 없어 방으로 들였다.

아들이 내온 조촐한 술상을 앞에 두고 울적한 마음으로 마주 앉았다. 술이 세지도 못했지만 하려던 일이 있기에, 황현은 그저 잔을 채우고 말 상대만 해 주었다. 노인은 자주 잔을 들이켰다. 아예 묵어갈 작정을 하고 온 듯한데, 이 또한 노인의 뜻이라기보다는 아들의 청인지도 몰랐다. 얼마간 시간이 흐른 뒤에, 황현이 말했다.

"오늘 저녁에 할 일이 있으니, 내 아들한테 가서 주무시지 요."

노인을 배웅하느라 잠시 대월헌 마당에 내려섰다. 초가을 밤 공기가 서늘했다. 별도 드문드문하고 달도 없어 산 능선의 윤곽이 더욱 크고 짙었다. 오늘따라 컴컴하니 수심으로 가득한 큰 산은 아예 황현의 사랑 마당으로 성큼 들어설 것만 같았다. 황현은 담담한 눈빛으로 큰 산의 근심을 다독여 주었다. 밤하늘과 산과 고요히 서 있는 나무들을 한 번 더 찬찬히 바라보고는 다시 방으로 들어왔다.

등불의 심지를 돋우고 방 안을 둘러보았다. 을사년 뒤로는 언제나 주변을 정돈해 두었기에 새로 할 일은 더 없었다. 집안일에 관해서는 이미 여러 차례 일러두었고, 앞으로 아우가 알아서 잘해 나갈 것이다. 오래전부터 써 온 시문도 상자 속에 시기와 종류별로 나누어 두었다. 안목 있는 이를 만나 문집이라도 내게 된다면, 그가 다시 잘 정리하리라.

'김택영에게 한번 보이고 싶었는데……'

문집 생각을 하다 벗을 떠올리니 몹시 그리웠다. 지난가을에 만나지 못해서 더욱 아쉬웠다. 가까이 있는 몇몇 벗들과는 미리 영결*의 인사를 나눌까도 했으나, 공연히 서로 힘든 자리가 될까 봐 그만두었다. 벗들은 뒤에 이러한 마음을 부디 살펴 헤아려 주기를.

　꽤 오래 쓰지 못하고 있는 『매천야록』을 보니 마음이 아렸다. 근 이십 년간을 자신보다 더 소중히 여기며 써 온 기록이었다. 이제 일본의 세상이 된 마당에, 저들의 만행까지 샅샅이 기록한 글이 빛을 보기는 어려울 것이다. 잘 간직해 후일에 드러나도록 해야 할 텐데……. 어쩌면 생각보다 오랜 시간이 걸릴지도 모른다. 그 가운데 이리저리 흩어져 드러나지 못하게 된다 한들 또 어쩌겠는가. 지금 자신으로서는, 사람의 일을 다 하고 하늘의 명을 기다릴 뿐이었다.

　쓰다 만 기록을 마무리해야 했으나, 도저히 붓을 들 수 없었다. 망국을 앞두고, 조정에서 부쩍 벼슬을 남발하고 시호를 내린다는 소식을 듣고 쓴 기록에서 더 나아가지 못했다.

　　정이품으로 품계가 오른 자가 저자의 사람처럼 많아 금관자*가 동이 날 지경이었다.

　　—황현, 『매천야록』에서

- 　영결(永訣): 죽은 사람과 산 사람이 서로 영원히 헤어짐.
- 　관자(貫子): 망건에 다는 작은 단추 모양의 고리. 신분에 따라 금, 옥, 뿔, 뼈 따위의 재료를 사용하였다.

망국의 소식이 아니더라도 참담한 기록이었다.

그러나 역사를 증언해 남기는 것이 반드시 붓이어야만 할까? 황현은 소중한 기록을 자신만의 방식으로 마무리하리라 작정하고 있었다.

오늘은 참으로 어찌할 수 없으니

오늘 하려는 일이 새삼스러운 것은 아니었다. 을사년에 죽음으로써 저항한 이들을 기리는 시를 지으며, 자신의 마지막에 대해서도 생각해 왔다. 끝내 나라의 자주권을 지키지 못한다면 자신도 같은 길을 걷게 되리라 여겼다.

을사년에는 절망하였지만, 그래도 아직은 할 일이 있으리라 생각했다. 찾아오는 젊은이들에게 세상을 바로 보라 깨우쳐 주고, 인재를 양성할 학교를 세우는 데 앞장서고, 조선 의병의 활동을 알리는 한편으로 그들의 죽음을 애도하며 기렸다. 또한 지금 조선에서 일어나고 있는 일들을 부지런히 기록해 뒷사람들에게 전하려 했다. 세상에 태어나 글을 배우고 익힌 자의 구실을 다하려 나름대로 애써 왔다. 그러나 결국 이러한 날을 맞은 것을 보면, 역부족이었다. 그렇다면 이제 무엇을 더 해야만 할까?

지금 조선 곳곳에서는 의암 선생의 말씀을 곰곰이 생각해 보
는 이들이 많을 것이다. 어떤 이는 분연히 떨쳐 일어나 저항하
고, 어떤 이는 조선 바깥에서 큰 힘을 기르려 준비하고 있으리
라. 어찌할 수 없는 이들이라면 자신처럼, 어떻게 하면 조선 사
람들이 이대로 주저앉지 않고 일본에 맞서 싸워 나가게 할 수
있을지 고심하고 있을 것이다.

황현은 천천히 붓을 들었다.

난리 속에 어느덧 허옇게 센 나이,

죽으려다 못 이룬 것 몇 번이던가.

오늘은 참으로 어찌할 수 없으니,

바람 앞에 촛불만 하늘에 어른대누나.

첫째 수(首)는 저절로 나왔다. 한생을 살아오면서 내내 난리
속에서 부대껴 온 느낌이었다. 그러한 세상에서 해 놓은 것 없
이 백발이 되었다는 게 한 사람으로서도 부끄럽고, 한 세대로
서도 부끄러웠다. 그러다 망국의 현실까지 맞닥뜨리고 보니,
참으로 어찌할 수 없는 날이었다.

이어 써 내려갔다. 평소 가슴에 품었던 생각이라 오래 걸리

지 않았다.

요사한 기운에 황제 별이 스러지고,
대궐은 침침하니 한낮도 어둡구나.
조칙은 이제 다시 없으리니,
한 장의 조서에 천 가닥 눈물.

짐승도 슬피 울고 강산도 시름,
무궁화 세상은 망해 버렸네.
가을 등불 아래 책 덮고 돌아보니,
세상에 글 아는 사람 구실 자못 어렵네.

하늘이 무너져 내리는 듯한 황제의 조서였지만, 그나마도 마지막이었다. 다시는 오얏꽃 문양이 찍힌 대한제국의 문서가 세상에 나올 일은 없으리라. 망국의 소식에 사람들만 절망한 것이 아니었다. 큰 산도 흔들리고 강물도 시름시름 하였다. 하늘의 새도, 산짐승도 움직임이 시들하였다. 금수의 세상, 아니 그보다도 못하게 되어 버렸다고 한탄만 하기에는, 글을 아는 인간으로서 제대로 구실 한 게 없어 부끄러웠다.

마지막을 결심하고 보니, 충(忠)이라는 글자가 아프게 떠올랐다. 글자 그대로, 심장의 한가운데를 꿰뚫는 뜨거운 마음을 나랏일에 한번 바쳐 보지 못한 회한이 밀려왔다. 지금 자신이 하려는 일은, 관직에 몸담아 온 이가 나리의 운명과 끝까지 함께하려는 '충'이라 말할 수는 없을 것이다. 나고 자란 나라에 대한 의리와 사람으로서 도리를 다하는, 그저 '인(仁)'이라 할 밖에. 그 생각을 하니 괜히 콧날이 시큰거렸다.

예전부터 중국 송나라 사람인 진동(陳東)과 윤곡(尹穀)의 마지막을 자주 생각해 왔다. 진동은 나라를 혼란에 빠뜨린 간신들의 처단을 직언하다가 참혹하게 처형당했다. 윤곡은 몽고군이 쳐들어오자 자신의 집에 불을 질러 스스로 목숨을 끊었다. 스러져 가는 나라와 운명을 함께하여 후세까지 알려진 이들이다.

황현은 홀로 지조를 지키고 죽어 간 윤곡보다는, 끔찍한 죽음을 맞더라도 바른말로 세상과 간신들의 가슴을 서늘하게 한 진동이 되고 싶었다. 하지만 대궐에 나아가, 나라를 이 지경으로 만든 매국노들을 처단하라 크게 한번 외치지도 못했다. 흔들리는 불빛 아래 홀로 절명의 시구를 쓰고 있노라니, 왠지 모를 슬픔이 북받치기도 했다. 그래도 다시 생각하면, 지금 자신이 가고자 하는 길 역시 세상에 대한 뜨거운 외침이기도 하리라. 무엇보다 글을 알고, 사람을 알고, 역사를 아는 이라면 마땅히 해야 할 일이리라 여겼다. 이윽고 황현은 마지막 넷째 수를 마무리하였다.

> 나라 지탱한 조그만 공도 없으니,
> 이 죽음 인(仁)일망정 충(忠)이랄 수야.
> 이제 와 끝맺음이 겨우 윤곡 같다니
> 부끄럽네, 왜 그때 진동처럼 하지 못했나.

아들들에게 남기는 글도 썼다. 단번에 네 수의 시를 써 내려갈 때와는 달리, 여러 번 붓을 멈추게 되었다. 밝은 날, 자신의 모습을 보고 슬퍼할 가족들의 얼굴이 어쩔 수 없이 자꾸 떠올랐다. 큰아들 암현은 서른이 넘었고, 작은집에 양자로 간 작은 아들 위현(渭顯)은 내년에 스물이었다. 딸은 출가시킨 뒤였다. 셋 다 식솔을 거느릴 정도로 다 자랐다 할 것이나, 부모의 마음에는 아직 어리고 부족한 점이 많았다. 그래도 글을 읽어 세상을 바라보는 눈을 키우도록 해 왔으니, 지금 아비의 심정을 헤아릴 수 있을 것이다.

나는 조정에서 벼슬하지 않았으므로 사직을 위해 죽어야 할 의리는 없다. 그러나 이 나라가 선비를 기른 지 오백 년인데

망국의 날에 나라를 위해 죽는 이 하나 없다면, 어찌 애통하지 않으랴. 위로는 하늘이 내린 도리와 아래로는 그간 읽어 온 책 속의 뜻을 나는 저버리지 않으려 하나니, 이제 눈을 감고 영영 잠든다면 참으로 쾌(快)하지 않겠느냐! 너희들은 너무 슬퍼하지 마라. 음력 8월 6일, 새벽 등불 밑에서 마지막으로 쓰다. 황현.

마침내 붓을 내려놓고 자리를 정돈하였다. 새로 옷을 갈아입고 베갯머리를 북쪽에 두었다.

마지막 문장

"꼬끼오—."

닭이 두 머리째 울었다. 또 하루가 바뀌어 음력으로 8월 6일이었다. 그러나 세상의 날들은 이제 아무래도 좋았다.

황현은 약장 서랍을 열고 맨 밑에 두었던 약병 주머니를 꺼냈다. 언젠가 쓸 일이 있겠기에 미리 준비해 두었던 아연(鴉煙)이었다. 아편이라고도 한다. 나라에서 금하고 있었지만, 청나라 병사들이 조선에 들어왔을 때부터는 구하기가 그리 어렵지 않았다. 적은 양으로도 치명적인 독약이 될 수 있기에, 망국을 예감한 이들은 남몰래 구해 두기도 했다. 을사년에 순절한 노대신 조병세도 마지막 길을 갈 때 아연을 마셨다 한다.

윗목에서 작은 더덕 소주병을 가져왔다. 평소 아랫배 통증을 치료하기 위하여 한잔씩 마시던 것이다. 마개를 열자 은은한 더덕 향이 앉은 자리를 감쌌다. 세상이 보내오는 마지막 향기였다. 강렬하지 않았는데도 아찔했고, 왠지 울컥했다.

독약 아연을 독한 더덕주에 탔다. 그리고 평소의 작은 술잔이 아닌 큰 사발에 부었다. 더덕 향이 좀 더 강하게 퍼졌다. 황현은 갈색빛 도는 독주가 담긴 사발을 잠시 물끄러미 바라보았다. 마음을 가다듬은 다음, 사발을 들어 입으로 가져갔다. 입가에 대었다 떼었다 하기를 세 번쯤 했을 것이다. 그러다 단숨에 독주를 들이켰다. 워낙에 술이 세지 못하여, 금세 온몸에 취기와 약 기운이 돌았다.

어지러움과 통증을 참으며, 황현은 북쪽에 마련해 둔 이부자리로 갔다. 그리고 자리에 반듯이 누웠다. 눈을 감자 길지 않은 순간에도, 할아버님이 남겨 주신 책들로 가득했던 어린 시절의 고향 집, 만수동 산골 샘가에 서 있는 매화나무, 대월헌 사랑 툇마루에 서서 바라보던 둥근 보름달이 선명히 보였다. 귓가에는 큰 산 아래 너른 들 위로 울려 퍼지던 호양학교 종소리도 들

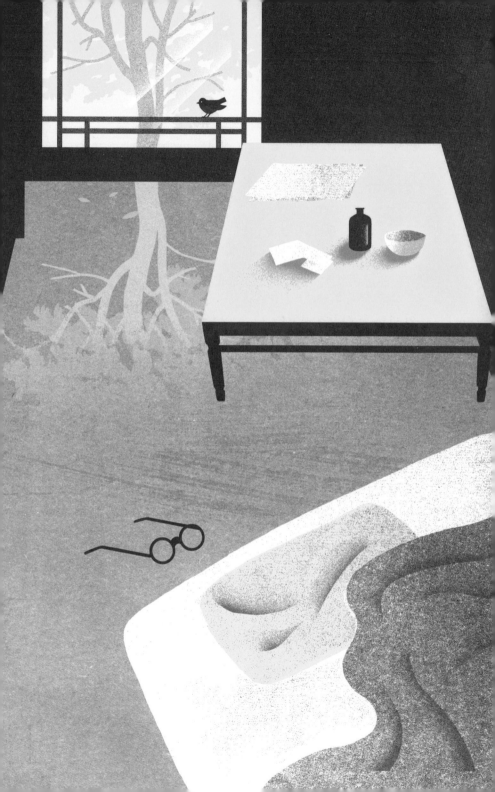

려왔다. 구례 성내장을 오가는 사람들의 걱정 없이 환한 얼굴들도 보였다. 언젠가는 이 땅의 사람들에게도 그처럼 환한 날이 다시 오고야 말리라.

점점 깊은 잠으로 빠져드는 황현의 얼굴에 희미하게 웃음이 떠올랐다. '쾌(快)'라는 글자가 그 위에 어려 있는 듯했다. 하늘이 내린 양심을 지키고 문장이 담은 진실을 지키려 했던 이가 받아들인 삶의 마지막이었다. 심혈을 기울여 평생 써 온 『매천야록』에, 온몸으로 남기는 마지막 문장이기도 했다.

◆

세상에 나를
알아주는 이 없구나

고운 최치원

산사의 봄

가야산 해인사

똑, 똑, 또로록.

점점이 떨어지던 물방울 하나가 이마에 와 닿았다. 잠에서
깨어 의식이 또렷해진 지는 오래건만 눈꺼풀 열기가 쉽지 않았
다. 툭, 툭, 투툭. 이부자리 위에도 물방울이 떨어졌다. 산사는
계곡에서 가까워 구름이 조금만 끼어도 방 안이 금세 눅눅해졌
다. 하늘은 계곡물의 습기를 낮에는 구름 속에 그러모으고 있
다가 해 질 무렵이면 부슬부슬한 빗방울로 흩뜨려 버렸다. 깊
은 밤에는 좀 더 굵은 빗줄기가 되기도 했다. 며칠째 내리는,

명색이 봄비였다.

똑. 또독. 이마에 또다시 물방울의 서늘한 기운이 와 닿았다. 최치원(崔致遠)은 끈끈한 점액으로 달라붙은 눈꺼풀을 힘겹게 위로 밀어 올렸다. 끈적이는 진물이 그물망처럼 시야를 가리긴 했으나, 그 너머로 돋을새김한 천장의 꽃무늬가 어렴풋이 보였다. 물방울은 바로 그곳, 천장 천화판(天花板) 꽃부리에서 떨어지고 있었다. 주지 스님이 기거하실 방이기에 목수가 한껏 솜씨를 부려 놓은 꽃문양이 화려했다. 눈꺼풀을 도로 힘겹게 닫으며 최치원은 중얼거렸다.

'꽃물이시군.'

꽃물. 꽃부리에 맺혔다가 떨어지니 과연 꽃물이었다. 말 맵시는 아리따우나 쓴웃음이 먼저 나왔다. 나무로 새긴 가짜 꽃이라서가 아니었다. 향기 나는 생화에서 떨어지는 이슬방울이라 해도 화농한 종기의 진물과 섞이고 마는 것을 차마 꽃물이라 할 수 있을까. 똑, 또록⋯⋯. 천화판에 맺힌 꽃물 방울도 고름으로 어루러기지고 냄새나는 이부자리에 내리는 것을 망설이는 듯했다. 관절들이 퉁퉁 부어 비대해진 최치원의 몸에도 마찬가지였다.

안질 걸린 눈은 또 어떠한가. 눈곱이 가실 새 없고 진물이 곱을 또다시 엉기게 해, 눈꺼풀을 여는 것조차 힘들었다. 애써 눈을 뜨고 사방을 둘러보고 싶은 생각도 사라져 버렸다. 눈 감고 누워 있어 봐도 붉게 달군 쇠바늘로 뼈마디를 쑤시는 것 같은 통증이 가시지 않았다. 종창으로 벌겋게 달아오른 살갗은 늘 화끈거리고 욱신거렸다. 성난 종기에 이불깃이라도 닿으면 예리한 칼에 베이는 것 같아 저절로 비명이 나왔다. 실제로 곪은 부위에 칼을 대고 고름을 짜낼 때도 많았다.

병을 낫게 해 보겠다고 큰스님은 물론 여염의 의원들까지 갖가지 처방을 내리고 약을 지어 왔다. 아픈 자리마다 침을 놓고, 뜸을 뜨고, 연기를 쐬고, 찜질했다. 두어 뭇씩 쌓아 놓은 마른 쑥은 오래가지 못했고, 짓찧어 상처에 바르는 어린 쑥도 마찬가지였다. 사방 열 자로, 특별히 내주신 주지 스님의 너른 방은 매캐한 연기와 들척지근한 쑥 냄새가 가실 새 없었다. 상처에서 흘러나오는 고름과 진물 밴 이부자리에다 갖가지 탕약 냄새까지 더해 심한 악취를 풍겼다. 시중드는 아이스님은 물론 큰스님이나 문병 온 손님들도 방 안에 들어서자마자 얼굴을 찌푸리거나 코를 싸쥐기부터 했다.

'불혹'을 넘긴 지는 오래이나 '지천명'의 쉰에는 이르지 못한 마흔여덟, 자리보전하는 날이 잦기에는 아직 이른 나이였다. 하지만 벌써 몇 년째인지 모른다. 찾아오는 사람들의 인상을 찌푸리게 하고 시중드는 이들에게 수고만 끼치고 있는, 민망하고도 구차한 삶에 최치원은 염증이 나고 진저리가 났다. 의원이 뜸쑥에 불을 놓을 때면, 차라리 그 자리를 도화선 삼아 병든 몸을 활활 불살라 버리고 싶다는 생각마저 했다. 그렇게 부처님께 소신공양*하고, 이 지긋지긋하고도 오랜 고통을 그만 끝내고 싶었다.

904년, 갑자년의 봄이다. 육십 간지의 처음인 해라 천지가 운행을 새로 시작하고, 봄이 되어 만물도 새로운 싹을 밀어 올리고 있었다. 하지만 가야산 해인사의 주지 스님 방에 누워 있는 최치원에게는 어제도 오늘도, 필시 내일도 다를 바 없이 똑같은 날일 터였다. 서라벌 황궁을 떠나 크고 작은 산사를 떠돌아다닌 지도 어느새 십 년이 되어 간다. 아무것도 해 놓은 일 없이 흘려보내게 되리라는 불길한 예감이, 이번 '십 년'에도 들어맞지 싶었다. 그런 생각에 이르면, 진물 배어 나오는 상처보다 마음 깊은 곳이 더 쓰라렸다.

밤새 기진맥진하다 까무룩 잠이 들었던 걸까? 깨어 보니 물방울 떨어지는 소리도 잦아들었고, 몸도 한결 가벼워진 듯했다. 예민해진 통각은 보푸라기만큼이라도 가벼워진 공기에 민감했고, 잠깐이나마 아픔이 덜해지면 모자란 잠이 스르르 찾아

---

* 　소신공양(燒身供養): 자기 몸을 태워 부처 앞에 바침.

왔다.

모처럼 눈을 길게 붙여서 그런지 여느 때보다 정신이 맑고 몸이 가벼웠다. 눈을 껌벅여 보니 끈적이고 뻑뻑하던 것도 한결 나아졌고, 말라붙은 진물로 까슬까슬하긴 해도 시야가 개운하게 열렸다. 눈병 때문에 두텁게 발라 놓은 창호지를 밀고 들어오는 햇빛도 오늘따라 과감했다. 며칠째 해가 흐린 구름을 좀처럼 벗어나지 못했는데, 한번 기세가 뒤바뀌니 아예 구름층을 모두 걷어 버린 모양이다. 내다보지 않아도, 비 갠 뒤의 바깥세상은 한창 무르익은 봄빛으로 가득하리라.

"어르신, 아찬• 어르신!"

새소리처럼 경쾌한 아이스님의 목소리가 들려오는가 싶더니 벌컥, 방문이 열렸다. 움직임을 진중히 하라고 매번 큰스님이 당부하셨어도 한창때의 아이에겐 소용없었다. 방 안의 어르신은 눈이 안 좋은 데다 큰 공부를 하고 계실 때가 많으니, 반드시 먼저 아뢰고 방문을 천천히 열어야 한다고 몸소 시범도 보이셨건만, 어찌할 수 없나 보았다. 저리 마음이 바쁠 때는 방 안의 역한 냄새도 뒷전인지, 숨을 몰아쉬느라 콧구멍을 크게 발름거리면서도 찌푸리는 기색이 없었다. 열린 문으로 쏟아져

•　　아찬(阿飡): 신라 때에 둔, 십칠 관등 가운데 여섯째 등급.

들어오는 봄 햇살이 아이스님의 목소리처럼 기세 좋고 명랑했다. 미처 생각지 못한 빛의 급습에 눈이 아려 오긴 했지만, 아이와 햇살의 명랑함이 최치원도 싫지 않았다.

"저런! 큰스님께 또 야단맞으려고!"

그제야 머리를 긁적이며 멋쩍어했지만, 이미 벌컥 열어 버린 문이고 쏟아져 들어온 햇살이었다. 상처를 닦을 수건과 대야를 부산스럽게 내려놓으며 아이스님이 말했다.

"어르신, 바깥 걸음을 하신 지도 꽤 오래되지 않았습니까? 날이 활짝 개었으니 오늘은 나가 보셔도 될 것 같습니다."

나어리긴 해도 먹물 들인 승복에 배코 쳐 파르라니 깎은 머리를 하고 있으니 어엿한 스님이었다. 하나 아직 열 살도 안 된 개구쟁이라 도무지 행방을 알 수 없을 때가 많았다. 그래서 일주문* 밖 출입 금지령이 내려진 지도 오래였다. 아찬 어르신을 핑계 삼아 모처럼 산문* 바깥바람을 쐬려는 아이스님의 궁둥이는 벌써 들썩이고 있었다.

오늘처럼 몸이 조금이나마 개운할 때 큰스님이 부탁하신 고승*의 전기를 얼른 마무리하리라 생각하던 중이었다. 그러나

- 일주문(一柱門): 흔히 절 입구에 한 줄로 세워진 문.
- 산문(山門): 절 또는 절의 바깥문.
- 고승(高僧): 덕이 높은 승려.

저 열렬한 눈망울을 어찌 외면하겠는가! 봄날이라 부산해진 바깥마당의 움직임에 최치원도 설레긴 했다.

"그럼 공양을 마치고 나가 보도록 하자. 그 대신 큰스님이 내주신 과제는 빠짐없이 해야 한다!"

"예에—."

길게 늘여 빼는 대답이 시원했다. 약물에 수건을 적셔 상처를 닦아 내는 손길에도 신명이 묻어났다. 봄 햇살은 방 안을 고루 비추었고, 눅눅하던 이부자리도 보송하게 말라 갔다.

길상탑 아래에서

공양을 마치자마자 부리나케 달려온 아이스님을 따라 방문을 열고 나섰다. 눈이 부시긴 했지만 어깨와 손목에 내려앉는 햇살이 따스했다. 절 마당에서 비로전(毘盧殿)에 계신 부처님께 합장하고 두 손 모은 그대로 석탑 주위도 한 바퀴 돌았다.

산사에서 가장 높은 법당 마당이라 발아래로 요사채*지붕들이 층층이 내려다보였다. 옆으로 길게 누운 지붕마루 선들이

• 　요사채(寮舍-): 절에 있는 승려들이 거처하는 집.

물기를 머금어 청신했다. 건너편에는 어느새 연초록빛 산이 성큼 다가와 있었다. 자세히 들여다보면 농담(濃淡)과 채도가 저마다 달라, 신록의 화려함도 울긋불긋한 꽃들 못지않게 알록달록했다. 며칠째 내린 봄비에 방 안만 눅눅해진 줄 알았는데, 바야흐로 온 세상을 이처럼 윤기 나고 설레게도 만든 모양이었다. 높다란 종루를 지나 축대 계단을 내려가는 아이스님은 앞서가다 도로 뒤서다가, 걸음이 총총하고 경쾌했다.

산사의 들머리까지, 바른편에서 흐르는 계곡물 소리도 따라 내려왔다. 젖은 방 안에서 듣던 소리는 음울했는데, 절을 끼고 산 아래까지 길게 내달리는 물소리는 장대하고 호쾌했다. 저 기세로 보건대 물살에 깨어지고 바수어진 바위도 제법 될 듯싶었다. 겨우내 갇혀 있던 얼음장을 벗어던진 뒤라 더 그런 것 같았다.

거듭된 난리에 불타 버리고 자취만 남은 일주문을 나서니, 소리로만 다가오던 계곡물이 비로소 모습을 드러냈다. 가파른 산골짜기를 달음박질하듯 내려오던 물줄기는 큰 바위와 너른 반석을 만나 폭이 더 넓어지고 더 대담해졌다. 수천수만의 말이 내달리는 것처럼 거침없는 물살에 견고한 바위도 깎여 나갔고, 편편한 반석의 틈도 더욱 깊이 파였다. 계곡물은 무릉교를 지나 산 아래 홍류동 마을까지 내달려, 그야말로 온 산을 빙 둘

러 감싸 버렸다. 그리하여 성스러운 부처님의 나라, 가야(伽倻)
에서 이름을 따온 산을 더욱 신령스럽게 하고, 산사를 찾는 뭇
중생이 만물을 깨달아 아는 해인(海印)의 깊은 바다에 들도록
해 주었다.

서라벌을 떠나 뜬구름처럼 이곳저곳 유랑하던 최치원이 가
야산 해인사에 들어와 지낸 지도 여섯 해가 되어 간다. 사가의
큰형님이자 화엄의 고승인 현준(賢俊) 대사가 주지로 계신 절
이었다. 산사의 들머리에서부터 거세게 들려오는 계곡물 소리
를 들으며 다시는 세상일에 눈 돌리지 않고 귀 기울이지 않으
리라 다짐했다.

> 미친 듯 바위틈 내달리며 온 산에 고함치니
> 바로 옆 사람 소리도 알아듣기 어려워라.
> 세상의 시비 소리 들려올까 늘 두려워
> 짐짓 흐르는 물로 온 산을 감싸 버렸네.
> ─최치원, 「가야산 독서당에 부치다(題伽倻山讀書堂)」

그러나 탕탕하게 흐르는 물소리로 막아 버리고 싶은 게 세상
의 시비 소리인지, 세간의 그 소리로 향하는 자신의 마음인지
알 수 없었다.

권력 다툼이 끊이지 않던 서라벌 궁궐 안도 소란했지만, 궐 바깥세상도 마찬가지였다. 통일 뒤에 '대신라'라 자부했던 신라 왕실은 서라벌 인근의 한낱 지방 세력으로 전락했고, 내로라하는 군웅*들이 새 세상을 만들겠다며 곳곳에서 일어서고 있었다. 그 와중에 힘없는 백성들만 스러져 갔다. 가혹한 세금과 징발에 시달리던 백성들은 결국 유랑민이 되어 떠돌거나, 산중의 떼도적인 초적(草賊)이 되었다. 흐르는 물소리로 온 산을 감싸 버리고 듣지 않겠노라 했지만, 부서지는 물방울 사이로 동포의 신음이 들려왔다. 그럴 때마다 자꾸만 돌아보게 되는 자신의 마음을 어찌할 수 없었다.

물소리를 들으며 걷다 보니 일주문도 훌쩍 지나왔고, 적막하고 스산한 연못 영지(影池)도 지나, 어느새 삼층석탑 아래였다.

원래 탑은 부처님을 모신 법당 마당에 장중히 자리 잡아야 하건만, 이 삼층탑은 절 밖 일주문도 한참 벗어난 길가에 있었다. 크기도 작고 기단도 낮은 데다 치장도 화려하지 않은, 소박하고 아담한 작은 탑이었다. 탑의 몸을 지붕처럼 받치는 옥개석 처마의 모서리는 살짝 치켜 올라가 있었는데, 손으로 빚은 듯한 곡선의 떨림이 애잔했다. 간절한 마음으로 하늘을 향해

• 　군웅(群雄): 같은 시기에 여기저기서 일어난 영웅들.

모은 손끝 같았다. 구 년 전인 895년 여름에 이 자리에 세웠으니, 아직 돌이끼가 피어나기도 전인 젊은 탑이다.

"아찬 어르신, 어르신도 알고 계셨습니까?"

탑을 천천히 둘러보는 최치원에게 아이스님이 물었다. 또르르 굴러가는 구슬처럼 언제나 쾌활하던 목소리가 웬일로 시무룩했다.

"무얼 말이냐?"

"……."

큰스님 앞에서도 어려워하는 법이 없던 아이스님은 말 잇기를 주저했다. 작은 입술을 힘주어 한 번 오므린 다음, 결심한 듯 입을 열었다.

"제가 참말로 갓난아기 때 이 탑 앞에 버려져……, 아니, 누워 있었는지요?"

"……."

이번에는 최치원의 말문이 막혔다. 착잡한 표정으로 탑만 바라보고 있는데, 아이의 눈길이 따라왔다. 그러다 아이가 먼저 입을 열었다. 어린 속으로도 어르신의 난처한 마음을 헤아렸는지, 여느 때의 말투로 돌아와 있었다.

"공양간 보살님들이 하시는 이야기를 들었어요. 그런데 뭐……, 아무래도 괜찮아요. 어차피 이 큰절의 스님들 모두, 아버지도 어머니도 찾아오시지 않는걸요."

"……."

아이스님을 처음 본 것은 탑을 세운 지 꼭 일 년째 되는 날이었다. 그때만 해도 세간을 떠나오기 전이었다. 서라벌 황궁에 있을 때도, 혹은 지방 태수*로 나가 있는 동안에도 최치원은 자주 해인사를 찾았다. 세속의 인연으로 큰형님인 현준 대사가 계셔서만이 아니었다. 큰 산의 들머리에서부터 시작해 차츰 거세어지는 계곡물 소리를 들으며 산중으로 접어드노라면, 세속의 먼지와 다툼을 떠나 다른 세상으로 들어가는 것만 같았다.

가야산은 가야국 왕들을 낳았다는 어머니 산신 정견모주(正見母主)가 머무르는 곳이었다. 골골이 깊고 후미져 예부터 전란의 화가 좀처럼 닿지 않는 산이었다. 그 옛날 치열했던 삼국 간의 전쟁도 이곳까지는 미치지 못했다 한다. 하지만 산신도 사람들의 지긋지긋한 다툼에 염증이 나고 만 것일까. 아니면 굶주리고 쫓기는 백성들이 깊고 막다른 산중에까지 내몰리고 있는 것일까. 세간의 벌판에는 이미 굶주려 죽은 자들과 싸우다 죽은 자들의 흰 뼈가 흐드러졌다고 했다. 어머니 산신의 치맛자락에도 싸우고, 베이고, 맞아 죽은 사람들의 아우성과 피비

●　　태수(太守): 신라 때에, 각 고을의 으뜸 벼슬.

린내가 배어들었다.

해인사는 왕실과 귀족의 지체 높은 공양주*가 많아 진귀한 보물과 재물이 풍성했다. 그러다 보니 수탈과 약탈도 끊이지 않았다. 부처님의 자비와 보시만으로는 도저히 감당할 수가 없어, 스님들도 경전과 염주를 내려놓고 맞서야만 했다. 그리하여 산사의 마당에는 관세음보살의 온화한 자비 대신, 날카로운 활촉과 서슬 푸른 검의 냉기가 가득하게 되었다.

십여 년 전, 법당의 부처님도 돌아앉을 피비린내 나는 싸움을 한바탕 치르고 난 뒤였다. 세간의 벌판도 그러했지만 청정한 산문 안팎에도 싸늘한 주검이 가득했다. 도적과, 백성과, 군졸과, 스님과, 공양주와, 노비들…… 생전에는 높고 낮은 신분으로 귀하고 천하게 나뉘었던 이들이 이승을 떠나서는 구분 없이 한데 뒤엉켜 누워 있었다.

그때 해인사에 계시던 승훈(僧訓) 대사는, 참담하게 희생된 승(僧)과 속(俗)의 혼령을 위로하기 위하여 석탑을 세우고자 부처님께 기도하셨다. 그리고 신라에서 널리 알려진 문장가이며 해인사를 자주 찾아오던 최치원에게 기문(記文)을 부탁하셨다. 최치원은 기꺼이 탑의 내력을 기록하는 글을 썼다. 승훈 대사

●   공양주(供養主): 절에 시주하는 사람.

도 애도의 글을 덧붙이셨다.

그대들을 위해 하늘로 향하는 솔도파[•]를 세우나니, 부디 길
상처(吉祥處)를 만나 평안을 누리소서.

그래서 일주문 밖에 세워진 삼층석탑을 길상탑이라 일렀다.
탑이 세워지기까지의 과정을 석판에 새겨 탑 안에 모셨는데,
마지막에 시신을 수습한 스님과 속인 한 사람 한 사람의 이름
도 남겼다.

판휜, 예엄, 억혜, 승필, 규길, 봉학, 예홍, 동영, 심용, 회구,
명종, 인권, 영간, …… 희행, 기명, 총선, 총영, 식연, 홍길,
문영, 소애, 아조, 능신, 휜길, 윤언, 기열.

쉰여섯 사람이었다. 이렇게라도 해 두지 않으면 이름 없이
흩어지고 말 애달픈 넋들이었다. 부처님의 제자가 되겠다는 뜻
을 품고 도량[•]에 들어와 계[•]를 받고 정진해 왔건만, 이처럼 칼

- 솔도파(窣堵波): stupa, 탑.
- 도량(道場): 불도를 수행하는 절. 또는 승려들이 모인 곳.
- 계(戒): 불교에서 죄를 금하고 제약하는 것.

을 들어 중생을 베고, 또 그 칼에 자신이 베이리라고 상상이나 해 보았을까. 무명으로 스러져 간 속인은 그보다 더 많으리라. 그들이 이승에서 품었던 들꽃 같은 소망들은 또 어찌할까……

탑의 기문을 직접 써서 그런지 최치원은 길상탑 생각이 자주 났다. 황궁의 벼슬살이가 시들하거나, 아예 궁을 나와 곳곳을 유랑할 때도 종종 이 탑을 찾아오곤 했다. 길상탑을 세운 지 일 년이 되던 여름, 아름드리나무가 우거진 산사의 어귀에 막 들어섰을 때였다.

"으애, 으애……. 으애애."

어디선가 여린 짐승 울음소리가 들리는 것 같았다. 사방을 둘러보며 소리를 따라가 보니 길상탑 아래였다.

"아니!"

헌 누더기 뭉치 안에서 갓난아기의 가느다란 울음소리가 간신히 새어 나오고 있었다.

탑을 그리며 산사를 찾아온 날, 하필 자신의 눈에 먼저 띈 아기가 최치원은 예사롭게 느껴지지 않았다. 하지만 마중 나오신 스님은 난감한 표정이었다. 그렇게 절 앞에 버려진 아기가 한둘이 아니었기 때문이다. 최치원은 그대로 아기를 안고 가, 절에서 거두어 달라고 큰스님께 간곡히 청원하였다. 아기는 공양간 보살할미들의 손을 거치며 절에서 자랐다. 그리고 최치원이

절에 들어와 지내게 되자 시중을 도맡아 하고 있었다. 보통 인연은 아닌 셈이다.

그 갓난아기가 어느새 아홉 살, 세월은 속절없이 빠르게도 흘렀다. 이제 소년이 되어 가고 있는 아이는, 무언가를 찾으려는 눈빛으로 자신의 근원을 물어 왔다. 하지만 무엇이라 답할 수 있겠는가.

최치원이 천천히 말했다.

"어디에서 와서 어디로 가고 있는지 우리는 알지 못해도, 부처님 품 안에 있는 것은 모두가 마찬가지란다. 부처님의 눈과 마음은 어디에나, 누구에게나 골고루 가 닿으신단다."

알 듯 모를 듯한 말을 해 보았다. 아이스님도 알 듯 모를 듯한 표정으로 말끄러미 쳐다보았다. 최치원이 다시 말했다.

"네 법명*이 무엇이냐?"

"희행입니다. 정식으로 계를 받으면, 그리 부르시겠다고 큰스님께서 말씀하셨습니다."

아이스님이 빠르게 덧붙였다.

"아찬 어르신께서 지어 주셨다고 들었습니다."

최치원은 고개를 끄덕이며 아이스님의 어깨를 어루만졌다.

• 　법명(法名): 승려가 되는 사람에게 지어 주는 이름.

길상탑 아래에서 처음 만난 인연이 각별하여 법명을 미리 지어 준 것이다. 길상탑의 기문을 쓰며 일일이 마음으로 불러 보던, 이 세상에서 못다 피고 스러져 간 젊은 승려의 법명을 아이에게 붙여 준 것이다. 바랄 희(希), 행복할 행(幸), 희행. 핏줄로 맺어진 세속 부모형제와의 인연은 일찍이 끊어져 버렸지만, 앞으로의 삶은 환하게 이어지기를 염원하는 밝은 이름이었다. 자신의 법명에 담긴 환한 깨우침의 삶을 다 누리지 못하고 스러진 젊은 스님의 바람을, 태어난 지 얼마 안 된 갓난아기에게 담은 것이기도 했다. 희행. 이름처럼 저 아이의 삶이 환하고 따스하기를……. 최치원은 희행 스님과 인연이 닿은 길상탑 앞에서 두 손 모아 합장하였다.

오랜만의 바깥 걸음이라 몹시 고단하였지만, 처소에 돌아와서도 편히 쉴 마음이 나지 않았다. 저 아이가 어느새 자신이 온 자리에 마음 쓸 때가 되었단 말인가. 출타한 사이에 문을 열고 환기해 방 안은 쾌적했고 이부자리도 새로 바꾸어 보송했건만, 좀처럼 개운한 기분이 들지 않았다. 천진한 희행 스님의 얼굴에도 차츰 드리워질, 소년기의 번민과 외로움을 최치원은 잘 알고 있었다.

당나라에서

십 년 안에 급제하지 못하면

"십 년 안에 과거에 급제하지 못하면 내 아들이라 하지 마라! 나 또한 자식이 없다고 생각할 테니!"

868년, 지금으로부터 삼십육 년 전에 당나라로 떠나는 서해의 상대포* 항구에서 아버님이 하신 말씀이었다. 얼마나 놀라고 두려웠던지, 오랜 시간이 흘렀어도 아버님의 표정과 눈빛, 목소리가 여전히 생생했다. 상대포는 중국과 일본을 오가는 배

---

* 상대포: 지금의 전남 영암에 있던 포구.

가 드나드는 국제 항구였다. 화려하고도 부산한 항구를 두리번 거리던 소년다운 호기심도, 어머니와 동무들 생각에 침울하던 마음도 순식간에 사그라들고 머릿속이 하얗게 비어 갔다. "십 년", "내 아들이라 하지 마라!" 하는 목소리만 귓전에서 거듭 들려왔다.

그때 겨우 열두 살, 십 년이라는 시간이 어느만큼인지 가늠 도 되지 않던 나이였다. '십 년'은 때의 흐름이라기보다는 아득 하고 컴컴한 저 바닷속이거나, 윙윙거리며 범선의 큰 돛을 펄 럭대게 하는 사나운 바람 같았다. 금방이라도 깊은 물속으로 낚아채이거나, 아니면 삭막한 모래벌판으로 내팽개쳐져 영영 신라에 돌아오지 못하게 될까 봐 겁이 났다. '십 년'이라는 말 에 알 수 없는 두려움을 느끼고, '십 년' 단위로 시간을 돌아보 기 시작한 것은 그때부터였을 것이다.

어린아이 홀로 낯선 나라에서 지내는 것은 무리라며, 큰형님 현준 스님과 집안사람들은 만류하였다. 그러나 아버지의 뜻은 완강했다. 어릴 때부터 총명하던 치원은 신라의 국학*에서 가 르치는 『논어』와 『효경』도 스스로 뗀 지 오래였다. 국학의 박사 들도, 이곳에서는 더 배울 게 없을 거라며 놀라워할 정도였다.

•   국학(國學): 신라 때의 교육 기관.

국학에 정식으로 입학하려 해도 열다섯 살이 될 때까지 기다려야 했는데, 그러느니 일찍 유학 보내는 게 낫겠다고 판단한 것이다. 그만큼 아들에 대한 아버지의 기대는 크고도 높았다.

최치원의 아버지 최견일(崔肩逸)은 골(骨)과 품(品)으로 층층이 나뉜 신라의 신분제 아래에서, 육두품(六頭品)인 자신의 한계를 뼈저리게 느끼고 있었다. 골품의 맨 위, 부계와 모계가 모두 왕족인 성골은 진덕여왕을 마지막으로, 이미 삼국 통일 전에 혈통이 끊어지고 말았다. 그다음은 부계나 모계의 한쪽이 왕족인 진골이었는데, 성골 대신 왕위에 오를 자격이 주어졌을 뿐 아니라 십칠 관등으로 구분된 관직에서도 최고위직을 차지했다. 육두품은 아무리 능력이 출중해도 여섯 번째 관등인 아찬까지만 올라갈 수 있었고, 그조차도 쉬운 일이 아니었다. 그아래 오두품은 열 번째 관등인 대나마까지만 허락되었다.

신라의 골품제는 관직에서 제한을 둘 뿐 아니라, 사는 집과 타고 다니는 수레의 크기, 옷 색깔과 음식을 담는 그릇, 여자들의 비녀나 장신구 등 일상생활에서까지 사람들을 촘촘하게 구분 지었다. 진골 귀족은 안락한 지위만큼 색조도 안정된 보랏빛 도는 자색(紫色) 공복을 입었고, 언제나 그 아래여야만 하는 육두품의 비색(緋色) 공복은 수치심으로 달아오른 얼굴빛만큼이나 붉게 두드러졌다. 오두품의 청의(靑衣)는 아예 차별을 인정하고 체념한 얼굴처럼 푸른빛이었다. 사두품의 노란 황의(黃衣)는 얼른 눈에 띄어, 발로 뛰어야 하는 하급 관리에게는 제격이었다.

중앙과 지방의 관직이나 군대의 책임자는 모두 진골 귀족이었다. 그들이 주요한 일을 결정하고 지휘하면, 육두품 이하 관리들은 자질구레한 실무나 맡아 할 따름이었다. 부패하고 무능한 진골 귀족들의 지시를 그대로 따르다 보면 한심하기도 했고 치욕스럽다는 생각도 들었다. 갈고닦은 학문이나 실력으로 보자면 자신들이 뒤진다 할 수 없고 오히려 더 뛰어났건만, 타고난 골품을 결코 이길 수는 없었다. 수백 년간 이어져 온 골품제를 앞으로도 바꿀 수 없으리라는 사실에 육두품 지식인들은 더욱 절망했다. 일찌감치 관직의 길을 포기하고 출가한 육두품 출신 승려도 많았다. 집안의 맏아들인 현준 스님도 마찬가지였다.

어쩌면 아버지가 해 주고 싶었던 말은 따로 있었는지도 모른다.

'설령 돌아오지 않는다 해도 괜찮다. 더 넓은 세상에서 네 뜻을 펼칠 자리를 찾는다면, 굳이 이 신라로 돌아오려 하지 마라!'

아버지는 늦게 얻은 아들 치원에 대한 사랑과 기대가 컸다.

세상에서 함께 보낼 시간이 다 큰 자식들보다는 길지 않기에, 가능한 곁에 오래 두고 싶은 마음도 있었다. 십 년 기한을 말했어도, 이미 늙은 자신에게 그만큼의 시간이 남아 있을지도 알수 없었다. 그래도 울분으로 흘려보낸 자신의 지난날을 어린 아들이 또 겪게 하고 싶지는 않았다. 정해진 골품에 구애되지 않고 아들이 마음껏 포부를 펼쳐 볼 수만 있다면 슬하에 두지 못하는 아픔도 견딜 수 있을 것 같았다.

신라의 상대포 항구를 떠난 상선(商船)은 서쪽으로, 서쪽으로 당나라 산동을 향해 나아갔다. 아버지와 헤어진 치원의 그렁그렁한 눈길은 한동안 신라가 있는 동쪽으로, 동쪽으로만 향하였다. 배는 발해만을 거쳐, 열흘이 못 되어 산동의 등주에 도착했다. 신라의 배가 중국에 처음 닿는 곳이다. 당나라의 수도 장안°까지는 육로와 운하를 거쳐 두어 달 더 가야 한다고 했다. 함께 온 상인들은 신라 땅 전체보다 더 길다는 대운하를 따라가며, 물건을 팔거나 사들이기도 하면서 장안으로 향했다.

치원은 신라 왕경의 사량부° 출신이라 번화함이 익숙한 편인데도, 회하와 황하를 잇는 대운하 통제거(通濟渠)를 오가는 사람들과 물자들에 눈이 휘둥그레졌다. '치원'은 아버지가 지어

- 　장안(長安): 현재의 시안(西安).
- 　사량부(沙梁部): 신라 때 경주 6부의 하나.

주신 이름인데, 『주역』에 나오는 "구심치원(鉤深致遠)"에서 따온 것이다. 깊은 것을 끌어내 먼 데까지 이르게 한다는 뜻이 새삼 다가왔다. 이곳으로 보내신 것도, 과거 급제만이 아니라 드넓은 세상에 본격적으로 나아가 보라는 마음이 더 컸으리라는 생각도 들었다.

치원은 두어 달 만에 장안에 도착했다. 중국의 거대한 규모에 어느 정도 덤덤해졌다 싶었는데, 수도 장안의 풍경은 또 색다르고 놀라웠다. 오가는 사람들도 그야말로 각양각색이었다. 발해나 중국, 일본 출신처럼 생김새가 자신과 크게 다르지 않은 사람들에게는 눈길이 가지도 않았다. 금색이나 갈색 혹은 은회색 머리칼이 굽실굽실한 사람들, 꿈을 꾸는 듯한 푸른색이나 연회색, 갈색 눈동자의 사람들, 키가 아주 크거나 작은 사람들, 머리에는 수건을 둘둘 감고 땅에 끌리는 치마에다 갖가지 장신구로 치장한 사람들……. 돌궐, 거란, 위구르, 사라센 등 여러 나라에서 온 수많은 사람이 있었고, 그들에게서 저마다 알아듣지 못할 말들이 흘러나왔다. 과연 장안은 번화한 국제도시다웠다.

국자감의 규모도 신라의 국학에 비할 바 아니었다. 국자감에는 당나라의 왕족과 귀족, 외국의 왕족이 들어가는 국자학, 치원과 같은 유학생들이 입학하는 태학, 그 밖에 행정과 실무를 배우는 학교들이 있었다. 태학만 해도 정원이 삼천 명이나 되었다. 동쪽의 신라와 발해, 일본 유학생은 물론이고, 서쪽의 대식국*과 파사국* 유학생도 있었다.

태학의 유학생 중에는 특히 신라와 발해에서 온 학생이 많았다. 이국땅에서 발해 학생들을 만나니 여러 생각이 들었다. 묘한 경쟁심이 생기기도 했다. 태학의 시험 결과는 성적순으로 방(榜)이 붙었다. 앞에 놓인 이름이 신라 학생의 것이냐, 발해 학생의 것이냐를 두고 신경전이 치열했다. 어린 치원의 이름이 앞에 놓일 때마다 신라 유학생 선배들은 환호했고, 발해 학생들은 침통한 표정이었다. 중국과 다른 나라 학생들을 제치고 신라와 발해 학생이 나란히 앞에 놓이면 함께 환호성을 지르기도 했다. 억양이 조금 다르긴 해도, 알아들을 수 있는 발해 말씨가 숙사에서 들려오면 고향 말씨 같아 반가움이 일었다. 그러한 마음을 애써 누르고 덤덤한 체할 때면 괜히 서글프기도 했다.

당나라 학생이나 다른 유학생, 신라 학생들도 모두 치원보다는 나이가 많았다. 그 틈에서 어린 치원은 날마다 악착같이 공부했다. 숙사와 학당만 쳇바퀴처럼 오가는 동안에도 세월은

•　　대식국(大食國): 사라센제국, 아라비아.

•　　파사국(波斯國): 페르시아.

어김없이 흘러, 열두 살 소년의 여린 뼈는 차츰 억세어지고 목소리도 굵어졌다. 코밑수염도 제법 거뭇거뭇해졌다. 하지만 그러한 제 몸의 변화를 느낄 새도 없었다. "십 년 안에 과거에 급제하지 못하면……"이라는 아버님의 당부가 늘 귓가에서 떠나지 않았고, 때로는 자신의 목소리로 채찍질해 오곤 했다.

옛 선비들은 공부하는 자리를 뜨지 않으려 상투를 대들보에 걸어 매고, 잠을 쫓으려 송곳으로 무릎을 찔러 가며 공부했다고 한다. 소년 치원의 노력이 그보다 못하다 할 수 없었다. 태학에 들어가자마자 목표도 세웠다. '인백지기천지(人百之己千之)', 곧 '다른 사람이 백 번 하면 나는 천 번 노력하리라'라는 뜻이다. 타고난 명석함에 남다른 노력까지 뒤따르니, 태학에서는 좀처럼 치원과 견줄 만한 이가 없었다.

874년, 신라를 떠나온 지 육 년 만에 최치원은 당나라의 진사과에 당당히 급제하였다. 태학의 스승들과 동료들은 물론 자신도 놀란 결과였다. "십 년 안에"라 당부하신 아버님도 반드시 확신하지는 않으셨을 것이다. 당나라 명문가의 선비라 할지라도 그 안에는 급제하기 어려운 공부였다. 그런데 작은 나라 신라에서 온, 열여덟 살 소년 치원의 이름이 급제자 명단을 기록한 금방(金榜)에 어엿이 내걸린 것이다.

그래도 최치원에게는 '십 년'이라는 세월이 여전히 가늠되지 않았다. 소년 유학생으로 자신이 앞당긴 시간이 어느만큼인지, 얼마나 대단한 일인지도 실감 나지 않았다. 어쨌건 십 년 안에 과거에 급제했으니, 전과 마찬가지로 아버님의 아들이라 말할 수 있다는 것에 마음이 놓였다. 어머님이 기다리고 계실 사량부 고향 집으로 돌아갈 수 있으리라는 생각에, 눈물이 핑 돌기도 했다.

먼지 자욱한 갈림길에서

오로지 과거 공부에만 몰두하고 있을 때는 잘 몰랐지만, 진사과에 급제했다 해서 앞날이 순탄하지는 않았다. 기쁨과 영광은 금방에 이름이 내걸린 뒤의 며칠에 불과했다. 이제는 생도의 신분이 아니니 태학에서 나와야만 했다. 신라와 당나라의 조정에서 학생에게 해 주는 지원도 끊기니 살아갈 길이 더욱 막막했다.

지금쯤 아버님도 소식을 들어 알고 계시리라. 신라 소년의 급제 소식에 신명 난 신라 사신들과 상인들이 고국에 돌아가자마자 이야기를 전했을 것이다. 신라 조정도 유학생들의 성적이 어떤지 관심이 컸다. 그러니 이제는 돌아오라는 기별이 고향에서 올 법한데도 감감했다. 이왕에 과거 급제로 관직에 나아갈 자격을 얻었으니, 큰 나라에서 관리로서 포부를 한번 크게 펼쳐 보라는 생각이신 걸까.

하지만 중국에서 관리로 임용되기는 어려웠다. 당나라 제국의 번영과 위엄이 예전 같지 않았고, 조정 관리와 환관의 부정과 부패가 널리 퍼져 있었다. 과거에 급제한 뒤에도 발령을 기다리는 기간이 따로 있었다. 한다하는 집안의 자제는 손을 써서 대기 기간이 짧았고 주어지는 자리도 좋았다. 그렇지 않은 급제자들은 고향으로 내려가 오래 기다려야만 했다. 그러니 중국인도 아닌 데다 의지가지없는 이방의 소년 치원임에랴.

한동안 막막하게 지내던 최치원은 이참에 장안을 떠나, 드넓은 중국 땅을 둘러보리라 마음먹었다. 그간에는 과거 공부 외에는 다른 데 눈 돌릴 겨를이 없어 이곳을 안다고 할 수도 없었다.

먼저 동쪽의 수도라 불리는 낙양*으로 발길을 향했다. 행장도 변변히 꾸리지 못하고 여비도 없이, 오로지 붓 한 자루에만 의지해 길을 나섰다. 잔칫집을 지나면 만수무강을 축수하는 시를 지어 주었고, 복잡한 송사에 얽매인 사람을 도와 관공서에

---

* 낙양(洛陽): 지금의 허난(河南) 성 뤄양을 말한다. 동주와 후한, 육조 시대의 수도였다.

낼 소장을 써 주기도 했다. 자신의 붓이 반낭(飯囊), 먹고 살아가게 해 주는 밥주머니였던 셈이다. 때로 시골 관리를 대신해 관청의 공문서들을 작성해 주며 며칠간 마음 놓고 쉬어 가기도 했다.

수도 장안의 태학에서 공부만 하고 있을 때는 몰랐는데, 실제로 중국 백성들이 살아가는 모습은 처참했다. 과거에 급제해도 관직에 임용되지 못한 자신의 처지를 한탄할 바 아니었다.

백여 년 전, 절도사 안녹산과 사사명이 '안사의 난'을 일으킨 뒤로 크고 작은 난리가 끊일 새 없었다. 게다가 해마다 흉년이 계속되건만, 당나라 조정은 세금을 거두는 데 인정사정 봐주지 않았다. 지방 절도사들은 난리를 진압한다는 명목으로 가차 없이 사병을 징발하여 자신의 세력을 키우고 있었다. 농사철도 아랑곳없이 장정들은 감옥이나 전쟁터로 끌려갔고, 들판에는 늙은 어버이와 젊은 아낙, 어린아이 들의 울음만 가득했다. 곳곳에서 농민 반란군도 다시 일어나고 있었다. 길에서 만난 신라 사람의 이야기로는 산동의 소금 밀매 상인 왕선지의 세력이 대단하다고 했다. 산동에는 신라인의 마을 '신라방'과 관청 '신라소'가 있기에, 반란군의 소식에 민감할 수밖에 없었다.

길 위를 떠돌며 빈 들판을 바라보는 청년 치원에게, 옛 성현의 말씀이 들려왔다. 책 속 글자로 보던 구절이 아니었다. 떨리는 진정이 묻어나는, 사람의 생생한 목소리였다.

"백성들에게서 농사철을 빼앗아 밭 갈고 김매 봉양하지 못하게 하니, 부모는 추위에 떨고 굶주리며 형제들과 처자는 사방으로 흩어지고 있습니다."(『맹자』「양혜왕(梁惠王) 상」)

천 년도 더 전에, 왕께 아뢰는 옛사람의 간곡한 목소리였다. 어지러운 천하를 제패하고 으뜸이 되고자 나선 것은, 백성들이 평화롭고 복되게 살아갈 나라를 만들기 위해서가 아니었나? 하지만 애초의 포부는 사라지고 사나운 욕망만 남아 천하의 백성들을 죽음으로 몰아가고 있었다. 그 같은 현실을 바로 보라는 성현의 애끓는 말씀이었다.

끝없는 절망 속에서 분노에 찬 백성들의 목소리도 들려왔다. 폭정에 시달리기는 이천오백여 년 전 고대의 사람들도 마찬가지였던 모양이다. 사나운 불꽃이 되어 하늘의 태양조차 살라 버릴 듯한, 거센 들불 같은 목소리였다.

"이 해는 언제 없어지려나. 내 너와 함께 죽겠노라."(『서경』, 「상서(商書)」, '탕서(湯誓)')

성현의 말씀이라면 새삼스러울 것도 없었다. 시험공부를 하면서 최치원은 사서와 오경, 다양하고 수많은 주해서까지 속속들이 보았고, 대부분 암송하고 있었다. 경전의 구절들은 머릿속에, 고대의 죽간˚처럼 혹은 목판본 책의 널조각처럼, 모두 체계적으로 정리되어 있었다. 필요할 때마다 언제라도 꺼내 보고 다시 자신만의 자리에 정확히 넣어 두었다. 그래도 성현의 말씀은 어디까지나 종이 위의 글씨였고, 시험의 답안이었고, 책 속 문장이었다. 감정이 배어 있고 심장의 떨림이 있는 사람의 목소리로 여긴 적은 없었다. 그런데 처음으로, 슬픔과 안타까움에 금방이라도 눈물 흘리고 피를 토할 듯한, 뜨거운 사람의 소리이자 마음으로 다가온 것이다.

옛 성현께서 제자들을 이끌고 이 나라에서 저 나라를 거쳤던 것은 단순히 세상을 둘러보기 위해서가 아니었으리라. 사람과 사람이 더불어 살아가는 어질고도 공평한 정치를 실제로 한번 드러내 보겠다는 간절한 바람이었을 것이다. 이천 년, 천 년의 세월을 건너뛰어, 장안에서 낙양까지 길을 가는 청년 치원에게 성현의 마음은 비로소 생생하게 다가왔다. 과거 시험에만 대비하여 옛 경전 공부를 해 온 것에 부끄러움이 일었다. 애초에 관리를 선발하는 데 경전 과목을 넣은 것은, 백성의 아픔에 공감하는 성현의 마음을 제대로 알고 배우게 하기 위함이리라는 생각도 들었다.

• 죽간(竹簡): 중국에서 종이가 발명되기 전에 글자를 기록하던 대나무 조각.

과거에 급제하고도 삼 년을 더 기다린 끝에, 최치원은 산동 남쪽의 작은 고을 율수의 현위에 임명되었다. 현령도 아닌, 현령을 보좌하는 말직이었다. 그래도 기약 없이 떠돌아다니지 않고 박봉이나마 의식 걱정을 하지 않게 되었으니 다행이었다.

참으로 오랜만에 생계 걱정에서 놓여나서였을까. 최치원은 율수에서 모처럼 안정된 시간을 보냈다. 작고 한적한 고을이라 업무는 번거롭지 않았고, 퇴청한 뒤에는 관청 거리인 통제가(通濟街)를 따라 흐르는 진회하(秦淮河) 강변을 산책하였다. 율수는 토끼털로 만든 중산필(中山筆)이라는 붓이 유명했는데, 때로 중산으로 나가 붓 만드는 광경을 구경하기도 했다. 틈틈이 시를 써서 문집도 만들었다. 스물한두 살이던 그 무렵, 서서히 밝아 오는 새벽 풍경을 노래한 시는 한창의 청년답게 푸르스름하고도 영롱했다.

맑고 선명한 새벽 기운에
내 영혼도 푸른 하늘처럼 맑아라.
하늘 높이 해 떠오르고
어둠은 바위 골짜기로 사라지네.
집집이 창과 문이 열리고
하늘과 땅이 아득히 펼쳐지는구나.

평온한 생활은 오래가지 않았다. 삼 년 기한의 현위 임기를 마칠 때가 곧 다가왔다. 퇴임 후에 바로 발령이 난다는 보장도 없었다. 요행히 내려진다 해도 말단 관리로 또 다른 고을을 전전해야 할 터였다. 심장에 굳은살이 박이도록 그리움과 외로움을 누르며 타국에서 공부한 것은 장정 수를 헤아리고 창고의 물건을 세기 위해서가 아니었다. 크건 작건 자신이 책임지는 곳에서, 백성들이 예로써 서로를 존중하며 삶이 윤택해지는 모습을 실제로 보고 싶었다.

고민 끝에 최치원은 진사과 윗단계로, 고위 관료를 뽑는 박학굉사과(博學宏辭科)에 응시하기로 마음먹었다. 진사과보다 더 어려운 데다 합격자도 매년 서너 명에 불과해, 중국의 수재들도 좀처럼 엄두를 못 내는 시험이었다. 하지만 이방의 젊은이가 자신의 포부를 펼쳐 볼 수 있는 길은 그것밖에 없었다. 십 년 안에도 급제하기 어렵다는 진사과를 육 년 만에 마쳤으니, 굉사과 급제도 아주 가망 없지는 않으리라. 그때 '인백지기천지'로 노력하였다면, 앞으로는 다른 사람이 백 번 할 때 만 번 하겠노라는 '인백지기만지(人百之己萬之)'의 자세로 노력하면 되지 않겠는가.

그러나 당나라의 혼란스러운 현실은 한 개인이, 더구나 한낱 이방의 청년이 자신의 삶을 그려 보고 계획하게 내버려 두지 않았다. 산동 왕선지의 반란군에, 원래 과거 공부하던 유생이었다는 황소(黃巢)가 합세하여, 따르는 병력이 수천이라 했다. 황소의 반란군이 장안까지 넘보는 막강한 세력으로 성장해, 황제와 조정이 피신해야만 한다는 이야기까지 나오고 있었다. 그러니 과거도 관리 임용도 제대로 이루어질 리 없었다. 결국 그해 박학굉사과 시험은 치러지지 않았고, 그다음도 예측할 수 없었다. 최치원의 고민은 더욱 깊어졌다.

　'차라리 신라로 돌아갈까?'

　그 길도 가능한 것은 아니었다. 돌아가 보아야 신라는 여전히 타고난 골품이 최우선이었다. 당나라 황제가 내린 과거 급제의 교지*로도 육두품이라는 처지를 바꿀 수 없을 것이다. 스무 살을 조금 넘긴 데다 고작 종구품 현위를 지낸 경험만으로는 신라에서 제대로 할 일도 없을 터였다. 돌아가 쓰이려면 시간도, 경험도 더 필요했다. 여태 아버님에게서 돌아오라는 소식이 없는 것도 그래서였으리라. 관리로 임용되기 전에 유랑하던 그 길 위에, 최치원은 다시 설 수밖에 없었다.

●　　교지(敎旨): 국왕이 신하에게 관직, 관작, 자격, 시호, 토지, 노비 등을 내려주는 문서.

동쪽으로 서쪽으로 먼지 자욱한 갈림길에서
홀로 여윈 말 채찍질하며 모진 고생 하였다네.
돌아가는 게 좋다는 걸 모르지는 않지만
돌아가 본들 내 집 또한 가난하기에.

　　　　　　　　　—최치원, 「길에서 쓰다(途中作)」

　한동안 떠돌아다니다 회남(淮南) 막부*에 있는 벗 고운(顧雲)
을 만났다. 드넓은 하늘에 홀로 외로이 떠 있는 구름과도 같은
처지라 최치원은 자(字)를 고운(孤雲)이라 했는데, 벗 고운의 이
름과 중국어로 부르기에도 크게 다르지 않았다. 혼란한 시기에
관직에 나아갈 길이 막힌 선비들은 고운처럼 지방 절도사의 막
부에 들어간 이가 많았다. 같은 해에 과거에 급제한 이들끼리
는 '동년(同年)'이라 하여 장안에서 자주 어울리며 막역하게 지
냈다. 대여섯 살 위인 고운과도 동년이었다. 나이는 가장 어려
도 문장은 누구보다 뛰어났던 신라 소년 최치원은 그때부터 이
미 유명했다.
　오륙 년 만에 어린 벗을 만난 고운의 기쁨은 컸다. 그러나 예
전의 싱그러웠던 소년의 모습은 찾아볼 수 없었다. 남루한 옷

●　　막부(幕府): 변방에서 지휘관이 머물면서 군사를 지휘하던 군악.

에 해어진 신발, 비바람에 오래 시달려 푸석푸석한 얼굴이었다. 길 위의 먼지는 머리칼과 눈썹에도 남아 지워지지 않은 채였다. 그간의 이야기를 듣지 않아도 충분히 짐작할 만했다. 중국에서 제법 집안이 든든한 자신도 지내기 어려운 시절이었는데, 하물며 이방의 젊은이 홀로 오죽할까 싶었다. 고운은 뜸 들이지 않고 벗에게 이렇게 권했다.

"자네도 이곳에 들어와 지내게. 우리 절도사 어른은 훌륭한 장수이시자 문장을 좋아해 능력 있는 선비들을 아끼신다네. 자네의 시와 문장이야 더 말해 무엇 하겠는가? 절도사께는 내가 아뢰겠네."

잦은 난리로 중앙의 권력이 약해진 반면에, 군대를 거느린 지방 절도사의 세력은 막강했다. 더구나 회남은 운하 영통거(永通渠)가 있어 수도로 운반되는 수많은 물자가 모이는 곳이었다. 나라의 경제적 기반이 되는 중요한 지역이기에 그만큼 절도사의 권위도 컸다.

최치원으로서는 사양할 처지가 못 되었다. 한창 난리가 벌어지고 있었기에 예전처럼 붓이 밥주머니 노릇을 해 주지 못했다. 당장 그날그날의 양식이 걱정이었다. 절도사의 객사에 머무르면서 글 심부름하는 것만으로도 족했는데, 얼마 지나지 않아 정식으로 순관에 임명되었다. 말직이긴 해도 현위보다 높은

지위였다. 벗 고운이 거들기도 했겠지만, 회남 절도사 고변(高
騈)이 최치원의 문장을 알아보고 인정했던 것이다.

찻가마 안에서 끓는 물처럼

현준 큰스님

"아찬 어르신, 큰스님 오셨습니다."

희행 스님의 쨍쨍한 목소리가 들려왔다. 아무래도 산문 바깥 걸음이 곤하여 잠시 눈을 붙인 뒤였다. 봄 햇살이 눅눅한 방 안 습기를 걷어 버리고, 가벼운 초저녁잠은 온몸이 쑤시는 고통을 잠시 데려간 듯했다. 모처럼 몸이 가벼워졌기에 서안(書案)을 당겨 고승의 전기를 마저 쓰려던 참이었다.

방문이 열리고 큰스님이 들어오셨다. 다반(茶盤)을 든 희행 스님도 조심스레 뒤따라왔다. 풍로를 끌어당겨 불을 피우고 다구(茶具)를 늘어놓는 아이스님의 손놀림이 제법 능숙했다. 길 상탑 아래에서의 그늘진 물음은 잿빛 승복 안, 작은 가슴속에 도로 넣어 둔 것 같았다.

두루마리 종이가 어지러이 놓인 최치원의 서안을 보며 큰스님이 말씀하셨다.

"찬술*은 잘 되어 가십니까?"

"예. 법장* 대사의 열 가지 곧은 마음 중 아홉 번째, '가르침을 드리우는 데 거리낌이 없는 마음'까지 썼습니다. 의상(義湘) 대사와 편지를 주고받던 대목도 넣었지요."

최치원은 해인사에 머무르면서 큰스님의 부탁으로 고승들의 전기를 찬술하였다. 지금은 당나라의 고승이자 이백여 년 전에 불교 화엄의 체계를 세우신 법장 대사의 전기를 쓰고 있었다. 신라의 의상 대사가 중국에서 공부하실 때, 화엄의 진리를 함께 탐구하던 벗이기도 하셨다.

큰스님이 밝은 표정으로 말씀하셨다.

"그러면 우리 불제자들이 고승의 전기를 또 하나 대할 날이 머지않았겠습니다. 화엄 큰스님이신 법장 대사의 전기가 공

- 찬술(撰述): 책이나 글을 지음.
- 법장(法藏, 643-712): 중국 당나라 때의 승려. 화엄종의 제3조로 측천무후에게 현수(賢首)라는 호를 받았다.

(公)의 붓을 빌려 이 도량에서 나오게 되었으니, 소승은 감개무량합니다."

"시일이 많이 늦어 송구할 따름입니다."

면목이 없었다. 큰스님의 방을 차지하고서도 붓을 들지 못한 날이 잦아 마음이 편치 않았는데, 이 같은 치하를 받고 보니 더욱 송구했다.

거듭 머리를 숙이고 난 뒤 큰스님과 눈길이 마주치자 가슴이 뭉클했다. 속세의 인연을 초월하셨을 스님의 눈에, 다 지우지 못한 핏줄의 자애가 어린 듯했다. 최치원이 신라로 돌아오기 전에 아버님이 세상을 떠나셨기에, 끝내 들어 보지 못한 어버이의 칭찬 같았다. 현준 큰스님은 사가의 인연으로는 최치원의 맏형이었다. 하지만 스무 살 가까이 차이 나는 데다 일찍 출가하셨기에 부모님 슬하에서 함께 지낸 적은 없었다. 그래도 피돌기의 끌림은 오묘한 것이어서, 현준 큰스님에게서 아버님의 모습을 대할 때가 많았다. 큰스님도 아우를 대할 때면 그 옛날 사량부의 집과 부모님을 떠올려 보실까?

또르르륵—.

큰스님은 풍로 위에 찻가마를 올리고 표주박으로 물을 부었다. 바가지를 든 손목이 기울면서 스님의 고개도 외로 조금 꺾였다. 낳아 주신 부모님조차 두 손 모으게 하던 큰스님의 늠름

한 기상도 세월 따라 숙어진 것 같았다. 듬성듬성한 눈썹 사이로 길게 비어져 나온 흰 터럭이 소슬해 보였다. 최치원은 심장이 조이는 듯 아려 왔다. 아마도 육친으로서의 아픔이리라.

물이 끓기를 기다리시며 큰스님은 침울한 표정으로 말씀하셨다.

"이즈음 산사의 발걸음들이 어수선하오이다."

"……."

젊은 스님들의 예사롭지 않은 움직임을 최치원도 느끼고 있었다. 삼삼오오, 부쩍 무리 지어 귓속말을 나누는가 하면, 갑작스레 말을 끊고 사방을 둘러보았다. 긴장한 표정으로 석탑 주변을 서성이다 이내 비로전 뒤 오솔길로 사라져 갔다. 그러고는 저녁 예불 무렵에야 돌아와 범종을 치고 법고를 두드렸다. 종소리와 북소리도 예사롭지 않았다. 세속의 고함인 듯 울부짖음인 듯, 젊은 스님들의 법고 소리는 핏빛 저녁놀을 밟고 마구 달렸다.

하긴 삶보다 죽음이 더 예사로운 세상이었다. 인적 드문 산자락까지 쫓겨 와서 피 흘리며 쓰러지는 백성들, 그들에게 칼을 휘두르던 군사들, 엎치락뒤치락 도무지 판가름 나지 않는 전쟁터에서 쓰러져 간 장병들……. 날마다 쌓이는 뭇 생명의 주검을 보노라면, 이 산사에서 삼가 올리는 재*가 무엇이며 지

키려 애쓰는 계가 무엇인지, 젊은 스님들은 회의가 생길 법도
했다.

찻물 끓는 소리

우웅―, 쉬이잇―. 찻가마 안에서 기포가 생기면서 서서히
물이 끓어올랐다.

다도(茶道)에서는 물이 끓는 것을 크게 세 단계로 나눈다고
한다. 끓는 소리가 나기 시작하면서 작은 물방울들이 생기다가
이어 큰 물방울이 올라온다. 물고기 눈처럼 생겼다 하여 '어목
(魚目)'이라 부르는 첫 단계다. 우우―, 우웅―. 골짜기에 깃든
바람처럼 잠시 숨을 고르고 있지만, 곧이어 소용돌이쳐 오를
소리였다.

물이 끓어오르려는 소리를 가만히 듣고 있노라니, 서라벌 거
리에 울려 퍼지던 성난 백성들의 노랫소리가 생각났다. 우, 우,
사바하―. 최치원이 당나라에서 신라로 돌아온 지 얼마 안 된
때인 진성여왕 시절이었다.

● 　재(齋): 종교적 의식 따위를 치르기 위하여 몸과 마음을 깨끗이 하고 부정(不淨)한
일을 멀리함.

나무망국 찰리나제

판니 판니 소판니

우, 우, 삼아찬

부─이 사바하

　무능력한 왕과 부패한 고관들, 서로 싸우고 아첨하는 무리들로 나라가 망하게 되었다는 노래였다. 부처님 나라의 범어(梵語)를 소리 나는 대로 외는 다라니 노래라 그런지, 이 세상의 말소리가 아닌 듯 은밀하면서도 신비로웠다. 혼란스러운 세상을 더 두고 보지 못해 하늘이 백성의 입을 빌려 내린다는 참요(讖謠)였다. 신라는 그때, 끓어오르는 찻물의 첫 단계인 '어목'에 이미 와 있었던 걸까. "우, 우, 삼아찬, 부─이 사바하", 노래 부르던 백성들은 뜨거운 불길에 고통스레 몸을 뒤집던 물고기의 눈 하나하나였나.

　부글부글, 푸룩 푸룩─. 물 끓는 소리가 더욱 잦고 거세어졌다. 찻가마 바닥에서부터 용솟음쳐 올라온 물방울이 수면 위에 연이어 생겨났다. 찻물이 이렇게 끓어오르는 두 번째 단계를 '용천연주(湧泉連珠)'라 했다. 물방울이 연이은 구슬처럼 샘솟는다는 뜻이다.

　천세, 만세를 누릴 것 같던 통일신라의 영광은 이백 년도 못

채우고 흔들리기 시작하더니, 앞날도 기대하기 어렵게 되었다. 왕위를 둘러싼 진골 귀족들의 다툼으로 황궁은 안정될 새가 없었다. 모든 권력이 서라벌의 진골 귀족에게만 모이니, 소외된 지방 호족들의 불만도 상당했다. 굳건한 골품 제도 아래 능력이 있어도 뜻을 펼 수 없는 육두품 이하 관료들의 울분도 높아만 갔다. 가진 것을 빼앗기고, 살던 데서 쫓겨나고, 벌판의 주검으로 흐무러진 백성들은 말할 필요도 없었다. 몇몇 진골 귀족을 제외한 모든 이의 반감은 차츰 하나로 모였다. 부패하고 타락하여 더는 어찌해 볼 수 없는 신라가 아닌, 새로운 세상에 대한 갈망이었다.

물방울이 푸룩거리며 연이어 끓어올랐다. 큰스님은 한 바가지 덜어, 옆에 놓은 바리에 부었다. 그리고 대젓가락으로 찻가마 속을 휘휘 저으며 차합에서 덜어 낸 차를 넣었다. 물은 끓는 기세를 잠시 가라앉히고 뜸을 들이며 쉬었다. 하지만 얼마 못 가 쉬잇쉬잇, 다시 끓어오를 준비를 했다.

용천연주 다음 단계는 '등파고랑(騰波鼓浪)'이다. 말 그대로 파도가 몰아쳐 오는 것처럼, 북을 쉼 없이 두드리는 것처럼 물이 세차게 끓는 상태를 말한다. 세 번째 단계로 구분해 놓긴 했으나, 찻물이 지나치게 끓으면 쇠어서 먹지 못하기에 오래 두지 않도록 경계해야 하는 순간이다.

부룩부룩, 쿨룩쿨룩─, 기세 좋게 물이 끓어올랐다. 철썩철썩 파도치는 듯, 두둥두둥 북 울리는 듯, 소리부터 달랐다. 큰스님은 빠른 손놀림으로, 익은물바리에다 덜어서 식힌 물을 찻가마 속에 다시 부었다. 풀룩이며 끓던 물이 숨을 죽였다. 꼿꼿이 선 스님의 눈썹과 굳은 어깨도 그제야 좀 편히 내려앉았다. 어쩌면 이즈음에 스님은, 거세게 끓는 물의 기세를 가라앉힐 한 바리의 식힌 물을 애타게 찾고 계신지도 몰랐다. 이 산사에서도, 기울어져 가는 신라에서도…….

　몇 해 전부터 현준 큰스님은, 지은 지 오래되어 낡고 비좁은 절을 보수하는 일을 부쩍 서두르셨다. 불가를 대표하는 도량으로서 절의 면모를 크게 쇄신하여, 젊은 스님들이 세속의 일에 눈 돌리지 않고 수행에만 정진할 수 있게 하기 위해서였다. 법당을 고쳐 짓고, 요사채를 더 늘리고, 누대도 새로 올렸다. 완공될 즈음에 최치원에게 기문을 부탁하셨다. 큰스님의 마음을 헤아려 「신라가야산해인사결계량기(新羅伽倻山海印寺結界場記)」와 「신라가야산해인사선안주원벽기(新羅伽倻山海印寺善安住院壁記)」를 썼다. 젊은 스님들이 수행할 해인사 선안주원 벽에 써 놓은 글에, 큰스님은 눈물을 글썽일 만큼 감격하셨다.

　　하늘이 귀하게 여기는 것은 사람이요, 사람이 으뜸으로 여기는 것은 도(道)이다. 사람이 도를 크게 드러나게 하느니만큼 도는 사람과 멀리 떨어져 있지 않다. 그러므로 도가 존귀해 진다면 사람도 자연히 존귀해지게 마련이다.

— 최치원, 「신라가야산해인사선안주원벽기」에서

큰스님은 또 고승들의 일대기를 정리하려는 계획을 세우셨 다. 위대한 스님들의 앞선 행적을 배우다 보면 젊은 스님들도 진리 탐구의 뜨거운 마음과 수행의 결의가 드높아지리라 여기 셨기 때문이다. 마침 해인사가 세워진 지 백 년이 되어 가던 때 라, 최치원은 절을 창건한 순응(順應) 대사와 이정(利貞) 대사의 전기를 썼다. 중국에서 화엄을 공부하고 수많은 제자를 길러 내신 의상 대사의 전기 「부석존자전(浮石尊者傳)」도 얼마 전에 완성했다. 그리고 의상 대사와 동문인 당나라의 고승, 법장 대 사의 전기를 마무리하는 중이었다.

화엄 고승들의 전기를 통해 큰스님이 전하고 싶었던 것은, 이 세상의 모든 존재와 일어나는 모든 일은 서로 연관되어 있 으며 그 가운데 조화를 이루어 간다는 화엄 사상이었다. 큰스 님은 지금 신라에서 벌어지는 갈등과 분열도, 더 큰 조화를 이 루는 과정으로 보셨다. 결국은 지혜와 광명이 연꽃처럼 어우러 지는 아름다운 연화장세계(蓮華藏世界), 곧 화엄의 세계를 구현

하리라는 생각이었다. 천 년의 역사를 이어 온 데다 분열된 삼국의 통일을 처음으로 이루어 낸 신라를 향한 믿음이, 큰스님에게는 여전했다. 젊은 스님들이 한때의 혼란에 휩쓸리지 않기를 바라셨고, 화엄의 큰 바다에서 힘써 수행하고 정진하기를 바라셨다.

그러나 최치원은 고승들의 행적과 가르침을 좇으며 탄복하다가도 붓을 든 손에서 힘이 빠져나갈 때가 많았다. 전쟁과 살육의 피비린내가 산사에까지 번져 오고 있는데, 오래전의 사람과 일을 공부하는 게 무슨 의미가 있으랴 싶은 생각도 들었다. 자신이 이럴진대 젊은 스님들은 어떻겠는가.

한 바리의 식힌 물로, 비등점에 다다라 끓어오른 물의 기세를 잠시 수그러들게 할 수는 있을 것이다. 그러나 큰스님의 노력과 자신이 쓴 전기가, 언제까지 익은물바리에서 식힌 물의 역할이나마 제대로 할 수 있을까? 찻가마 바깥에서부터 저리 불길이 활활 타오르고 있는데, 다시 물이 끓어오르고야 마는 것을 무슨 수로 막겠는가. 저 불길은 아예 찻가마 안의 물을 바싹 말라붙게 하고, 그러다 찻가마와 풍로도 집어삼키고, 어쩌면 이 방과 산사마저 모조리 태워 버릴지도 몰랐다.

새 세상을 바라다

새로운 세상을 만들려는 움직임은 제각각이었다. 완산주와 무주, 서남해 일대를 장악한 견훤은 백제국을 세우고 스스로 왕이라 칭했다. 명주와 삭주 등 북동과 북서 지역 세력을 모은 궁예는 고구려를 계승한다며 나라 이름을 고려라 했다. 가혹한 세금과 노역과 징병에 치여 정처 없이 떠돌던 신라의 백성들은 후백제와 고려라는 새로운 울타리 안으로 모여들었다. 세상은 후백제와 고려와 신라, 다시 삼국으로 갈라졌다. 하지만 신라는 서라벌 외곽을 방어하는 것만도 힘에 부쳤고, 전면전에서 한 당사자로 나서지도 못했다. 새로운 전쟁의 주역은 견훤의 후백제군과 궁예의 고려군이었다. 기필코 자신들이 삼국을 재통일하겠다며 두 나라는 팽팽하게 맞섰다.

지난해인 903년에는 후백제의 근거지 금성군*에서 고려군과 치열한 전투가 벌어졌다. 궁예는 휘하의 젊은 장군 왕건에게, 수군을 거느리고 서남해로 내려가 후백제군을 공격하게 했다. 장보고 이래로 막강해진 서남해의 해상 세력들은 견훤의 후백제군에 합세하지 않고, 의외로 송악*의 해상 가문 출신인 왕건

*   금성군: 전남 나주의 옛 이름.
*   송악: 개성의 옛 이름.

의 손을 잡았다. 그리하여 후백제의 근거지에서 왕건이 이끄는 고려군이 승리를 거두었다.

예상치 못한 결과에 고려군을 바라보는 기대와 호기심은 커져만 갔다. 그간 한강 남쪽에서는 후백제군의 세력이 강했고, 또 익숙했다. 삼국의 새로운 통일도 당연히 후백제가 이루리라 여겼다. 그런데 말로만 듣던 고려군의 모습을 실제로 가까이에서 보게 되었고, 더구나 모두의 예상을 깨고 고려군이 승리를 거머쥔 것이다.

고려군은 금강보다도, 한강보다도 더 북쪽에 있는 송악에서 내려왔다고 했다. 자주 보던 후백제 군사들과 달리 말씨도 옷차림도 낯설었다. 낯선데도 왠지 더 끌렸다. 지지부진한 이 혼란을 그만 끝낼 수 있을 만큼, 고려군은 새롭고도 강해 보였다. 새 세상을 갈망하는 남쪽의 젊은이들은 서늘한 북쪽 바람과 함께 온 고려의 젊은 장군 왕건의 승리에 가슴이 두근거렸다. 산사의 젊은 스님들도 마찬가지였다.

찻물이 어느 정도 우러나자 큰스님은 풍로에서 찻가마를 내려놓았다. 그러고도 한동안 뜸을 들이셨다.

"세속의 일에 자꾸 눈이 가고 마음이 가는 것은 한창의 혈기라 어쩔 수 없겠지마는……."

스님의 얼굴에 곤혹스러운 표정이 어렸다. 다시 어렵게 말을 이으셨다.

"청정한 도량에서 동문의 스님들끼리 서로 갈리어 얼굴을 붉히고 있으니…… 참으로 난감하오이다."

큰스님의 심정을 알 것 같았다. 안타까운 마음에 최치원도 거들었다.

"나름대로 이 혼란을 얼른 해결하고 싶은 마음 아니겠습니까?"

"후유……."

큰스님은 한숨을 길게 내쉬셨다.

"소승의 덕이 부족한지, 가르침이 부족한지……. 희랑(希朗)과 관혜(觀惠)가 이리 따로 나설지는 몰랐소이다. 불가에 들어온 비구가 세속의 일에 마음을 쓰는 것도 아니될 일이지만, 기왕 마음을 두었다면 화엄의 불제자답게 하나로 융합하는 방도를 찾아가야 하지 않겠습니까? 그런데 서로 다른 방향으로 제각각 달려가고 있으니……. 미욱하기 그지없는 일이오이다."

큰스님답지 않게 말씀이 길었다.

희랑은 최치원도 아끼는 스님이다. 아직 젊은데도 『화엄경』에 정통하여, 수많은 대중과 스님 앞에서 설법한 적도 여러 번이었다. 만물은 홀로 떨어져 있거나 대립하는 것처럼 보여도 결국은 하나로 융합해 간다는 것이 화엄의 가르침이다. 희랑

스님은 화엄에서 말하는 융합의 구심을 고려에서 찾으려 했다. 관혜 역시 화엄에 대한 공부가 깊고 명석해서 따르는 스님이 많았다. 관혜 스님은 일찍부터 후백제의 견훤이 새로운 통일의 구심이 되리라 기대했다. 해인사의 처소를 비우고 뜻을 같이하는 이들이 모인 지리산 화엄사에 가 있을 때가 많아, 큰스님을 더욱 근심스럽게 했다. 해인사와 화엄사, 두 절은 의상 대사가 화엄의 교리를 널리 전하고자 세우신 '화엄 십찰'에 속한다. 그러나 이제는 화엄의 산문도 나누어지고, 아끼는 두 제자도 다른 길을 가고 있으니, 현준 큰스님의 걱정이 클 수밖에 없었다.

찻가마 안에서는 차 기운이 천천히 우러나고 있었다. 물과 가루차가 서로에게 서서히 스며들었다. 찻가마 바깥에서 불의 세기를 적절히 조절하고 물의 온도에 세심히 신경 쓰니, 서로 다른 성질의 차와 물이 잘 어우러져 저처럼 조화를 이루어 낸 것이다. 나라의 율령과 제도도 어쩌면 저 불의 세기와 물의 온도 같은 것 아닐까. 나랏일 하는 사람들이 갈등을 조정하고 백성들의 생활을 세심히 신경 써 살핀다면, 저마다 생업에 종사하면서 다 같이 평화롭게 지낼 수 있지 않을까. 말갛게 우러난 찻물을 바라보며 최치원은 생각에 잠겼다.

푸르르륵ㅡ. 잘 우린 찻물 따르는 소리가 청아한 피리 소리 같았다. 큰스님은 표주박으로 찻물을 떠내어 찻주발에 고루 담았다. 당나라에서 들여온 귀한 월주요(越州窯) 다완*이었다. 감람색 다완 안의 찻물은 은은한 담록색을 띠었다. 큰스님이 그토록 고대하는 평화롭고도 엄숙한 화엄의 세계가 작은 다완 속에 어려 있었다.

• 다완(茶碗): 차를 마실 때 사용하는 사발.

천하의 문장

황소에게 고한다

큰스님이 처소로 돌아가신 지도 한참 되었으나, 최치원은 다시 붓을 들지 못했다. 어둠이 밀려오는 방 안에는 차의 향내와 노스님이 토해 놓은 근심이 여전히 깔려 있었다.

최치원은 큰스님과 달리, 젊은 스님들의 분주한 발걸음이 그리 근심되지 않았다. 잰걸음으로 젊은 스님들이 선원의 담벼락을 돌아 나갈 때면 먹색 장삼의 넓은 소맷자락에서 차르륵, 바람이 일었다. 무리 지어 나는 그 소리는 바람에 펄럭이는 깃발 같기도 하고, 먼 곳에서 들려오는 함성 같기도 했다. 어쩌면 자신의 가슴 저 깊은 곳에서 이는 바람인지도 몰랐다.

큰스님의 친동기일 뿐 아니라 당나라에서도 이름난 문장가로 알려진 최치원에게 산사의 젊은 스님들은 깍듯이 대했다. 비로전 마당이나 요사채 돌계단에서 마주칠 때면, 자리에 멈춰서서 공손히 합장하고 깊숙이 고개 숙였다. 하지만 그뿐, 앞날을 그리느라 분주한 젊은이들의 눈길은 최치원에게 오래 머물지 않았다. 다른 곳을 향하는 그들의 눈길과 사라져 가는 발걸음을 최치원의 눈과 귀가 오래 좇을 따름이었다.

하관이 든든한 희랑의 굳게 다문 입과 고요하게 빛나는 눈동자는 볼수록 미더웠다. 강팔라 보이지만, 관혜의 단단한 뼈대와 서늘한 눈매도 좋았다. 만나지 못했지만 이들과 비슷한 또래라는, 북녘의 젊은 장수 왕건에게도 왠지 호감이 갔다. 모두 서른이 채 안 된, 한창때의 젊은이들이었다. 자신의 안정된 삶과 영예로운 앞날만을 그리지 않고, 백성의 아픔을 돌아보며 모두에게 이로운 삶을 꿈꾸는 젊은 눈동자들은 아름다웠다.

그러나 가는 길이 다르기에 저들 중 어느 한쪽은 피어 보지도 못하고 스러질 것이다. 설령 자신의 길이 나중에 빛을 보게 된다 하더라도, 살아서 누려 볼 수 있는 이가 얼마나 될까? 저 젊은이들도 그걸 모르지는 않을 것이다. 그래도 더 나은 세상을 꿈꾸고 열정을 쏟아 온 지금의 기억은, 삶의 마지막 순간까지도 선명하게 남아 있으리라. 살아남은 뒤 이런저런 회한의 시간을 길게 보내게 된다 할지라도…….

자신에게도 그러한 시절이 있었던가. 돌이켜 보니 쓴웃음만 지어졌다. 저들 무렵의 시간을 지나온 지도 어느새 이십 년이었다. 그리고 보면 어린 시절을 제외하고는 대략 절반의 삶을 당나라에서, 또 절반의 삶을 신라에서 보낸 셈이다. 하지만 저 젊은이들처럼 이상을 꿈꾸고 실현하기 위해 빛나는 시간을 가져 보지는 못했다. 자신의 능력과 열정을 바쳐 보기보다는 그러한 곳과 때를 찾아 오래도록 헤매기만 한 날들이었다.

최치원이 회남 막부에 들어간 때는 스물세 살의 막막하던 겨울이었다. 그리고 이십 대의 대부분을 그곳에서 보냈다.

막부에서 한 일은, 전쟁터의 상황을 보고하는 수많은 문서를 예법에 맞게 써서 황제와 조정에 올려 보내고, 또 절도사의 명령을 담은 문서를 휘하의 군막에 내려 보내는 것이었다. 그야말로 폭주하는 군서(軍書)를 날마다 수십 통씩 작성했다. 종일 문서를 쓰고 있노라면 관복에는 먹 냄새보다 싸움터의 매캐한 연기와 피비린내가 밴 듯했다. 울적한 기분도 들었다. 떠돌아다닐 때는 비록 배는 곯았어도, 심정을 토로하는 글을 쓰다 보면 왠지 모를 느꺼움이 빈속을 대신 채운 적도 많았다. 군막에서는 의식 걱정은 하지 않았지만, 마당을 쓰는 빗자루처럼 자신도 하루하루 닳아 가는 것만 같았다.

그 무렵 황소의 농민군은 세력이 점점 커져 낙양을 함락하고, 수도 장안까지 점령했다. 황제와 신하들은 황급히 장안성을 비우고, 서쪽의 사천 땅으로 피신했다. 텅 빈 장안성에 들어온 황소는 '대제(大齊)'라는 나라를 새로 세우고 스스로 황제가 되었다.

황량한 서쪽 산맥 너머로 쫓겨 간 황제와 조정에도 절실한 일이었지만, 토벌 사령관의 중책을 맡은 회남 절도사 고변에게도 황소의 군대를 진압하는 일이 급박했다. 절도사는 출정을 준비하면서, 먼저 종사관 최치원에게 황소에게 보내는 격문〔檄黃巢書〕*을 쓰게 했다.

광명(廣明) 2년(881년) 7월 8일에, 제도도통(諸道都統) 검교태위(檢校太尉) 모(某)는 황소에게 고한다.

격문은 반란군의 우두머리 황소를 호령하는 것으로 시작했다. 네가 하고 있는 일은 개가 주인에게 짖는 격이라며 호되게 꾸짖는 한편으로, 이 한 장의 글로 너의 급한 사정을 풀어 주겠

●   격문(檄文): 적군을 달래거나 꾸짖기 위한 글.

노라고 이르며 투항을 권유했다. 네 글자와 여섯 글자씩 대구(對句)를 정확히 이루면서 흘러가는 사륙변려문(四六駢儷文)은 화려하고 능란하면서도 거침없었다. 쩌렁쩌렁 불호령을 내리는가 하면, 자분자분 사납고 고집스러운 아이를 달래는 것 같았다. 그 노련함이 고작 스물다섯 살 난 이방의 청년의 것이라고는 믿어지지 않았다. 하긴 한창때의 젊음이 배어 있는 문장이라 그처럼 호방하고 도저했는지도 몰랐다. 최치원의 격문에 간담이 서늘해진 황소가 침상에서 굴러떨어졌다는 이야기도 돌았다.

> 천하의 모든 사람이 너를 죽이려 할 뿐 아니라 땅속의 귀신들도 남몰래 너를 베어 버리기로 의논하였다. 그러니 네가 숨이 붙어 돌아다니는 것 같아도 넋은 이미 귀신에게 빼앗기고 없을 것이다.
>
> —최치원, 「격황소서」에서

실제로 황소의 반응을 확인할 길은 없었지만, 피란 간 황제와 신하들은 최치원의 격문에 무릎을 치고 손뼉을 치며 통쾌하게 여겼다. 전쟁터에서 목숨을 내걸고 싸우는 황소의 농민군이나 회남 막부의 병사들에게 격문 한 장의 영향력이 어떠했는지는 알 수 없지만, 황실과 조정은 눈앞에서 황소를 무릎 꿇리고 머리를 베어 버린 것처럼 후련하게 여겼다.

감격한 황제와 신하들은, 회남 막부의 일개 종사관인 최치원에게 시어사내공봉(侍御使內供奉)이라는 관직을 내렸다. '시어사'와 '내공봉'이라는 말 그대로, 황제를 곁에서 모시며 명을 받드는 자리였다. 반란군을 징벌하려는 황제의 의중을 누구보다도 잘 알고 그 점을 빼어난 문장으로 드러낸 것을 가상히 여겨 내린 벼슬이었다. 그렇다고 황궁에 불려 들어가지는 않았으니, 머나먼 회남 군막의 최치원에게는 명예직이었던 셈이다. 황제는 특별히 자금어대(紫金魚袋)도 하사했다. 황궁을 출입하는 관리에게는 물고기 모양의 표식인 어부(魚符)와 어대(魚袋)가 있어야만 했는데, 관직에 따라 빛깔이 달랐다. 한낱 현위 출신 종사관으로서 최고위직이 차는 자금어대를 지니게 되었으니, 초고속 승진이자 파격적인 대우였다.

회남 절도사 고변도 자기 휘하의 종사관이 황제에게서 치하를 받자 크게 기뻐하였다. 군막에서는 축하 연회가 벌어졌고, 심부름하는 아이들까지 제 일인 양 신명 나서 뛰어다녔다. 자금어대를 두르게 된 시어사내공봉에 걸맞은 관복을 지어 입으라며, 절도사는 붉고 화려한 능직(綾織) 비단을 특별히 내렸다.

정작 최치원은 얼떨떨하기만 했다. 회남 군막의 모든 사람이

지켜보는 가운데 머리를 땅에 조아리며 황제께 고두(叩頭)의 예를 올리고, 두 손 높여 하사품을 받으면서도 실감 나지 않았다. 언젠가 세상이 자신의 포부와 능력을 알아주고 쓰일 때를 기다려 온 것은 사실이었다. 하지만 절도사를 대신하여 황소에게 보낸 격문에 나라 안의 문장가들이 그처럼 열렬하게 반응하고, 피란 간 당나라 황실과 조정에서 큰 상까지 내릴 줄은 몰랐다. 곳곳에 흩어져 있던 태학의 벗들도 소식을 듣고 축하 인사를 보내왔다. 이제 탄탄한 길이 열렸다며 모두가 부러워하는데 최치원 홀로 당혹할 따름이었다.

그 가운데에 뚜렷이 다가오는 바가 있었다. 자신이 원했던 것은 단번에 세상의 눈길을 끌거나 사람들의 칭송을 받는 것이 아니었고, 황제의 기분을 후련하게 해 주었다며 선심 쓰듯 내리는 치사가 아니었다. 그렇게 쓰인 문장은 재주에 불과했고, 그 재주만을 높이 떠받드는 것은 차라리 모욕이었다.

낯선 벌판을 떠돌 때 들려오던 성현의 목소리, 그에 떨리던 마음은 아직도 생생했다. 배운 학문을 실제 백성들의 생활에서 드러내 보고 싶다는 오랜 바람도 여전했다. 남의 나라에서 문장의 재주꾼으로 칭송받기보다는, 내 나라의 백성들 속에서 성현의 가르침을 실제로 펴 보고 싶다는 소망이 더욱 간절해져만 갔다.

"황제께서도 우리 회남 막부를 인정하시는 것 아닌가!"

"아암, 황소가 꺼꾸러질 날도 머지않았어. 와하하!"

막사 안의 흥분과 열기는 드높아만 갔다. 세상이 부러워하는 영예의 꼭대기에서, 최치원은 신라로 돌아갈 것을 진지하게 생각하기 시작했다.

동귀자, 서화자

신라와 당나라는 오래전부터 교류가 활발해, 중국에는 신라의 사신뿐 아니라 승려와 유학생도 많았다. 학업을 마칠 무렵이 되면 특히 유학생들은 진로 문제로 고민이 컸다. 신라로 돌아갈 것인가? 아니면 이대로 중국에 머무를 것인가?

왕실이나 진골 귀족의 자제들이야 당연히 신라로 돌아갔지만, 육두품 출신의 명민한 청년들은 몹시 고민했다. 낯익은 말, 그리운 산천, 육친에의 끌림은 신라로 달려가기를 원했지만, 가슴에 품은 뜻, 돌아간 뒤의 처지를 생각하면 귀국을 망설이게 되었다. 난리통에 혼란스러워지기는 했으나, 중국에서는 과거 시험으로 관리를 선발하는 것이 원칙이었다. 시험을 보아 과거에 급제하고, 관직에 등용되어 실력이 검증되면 진급에도 크게 제약이 없었다. 하지만 신라의 골품 제도는 능력을 발휘할 기회를 원천적으로 차단했다. 타고난 골품에 따라 지위가 주어졌고, 골품이 허락한 단계 이상으로는 결코 올라갈 수 없었다. 태학에서 성적이 한참 뒤처지던 아둔한 진골 학생도 신라로 돌아가면, 자색 공복을 입고 거들먹거리며 육두품 우등생 벗들 위에 군림할 것이다.

아예 신라를 떠나올 때부터 돌아가지 않으리라 작정한 이들도 많았다. 통일 전의 신라 육두품 출신 청년 설계두(薛罽頭)의 이야기는, 오랜 세월이 흘렀어도 유학생들에게서 여전히 유명했다.

"신라에서는 사람을 쓰는 데도 골품을 따지니, 아무리 큰 재주와 걸출한 공이 있어도 신분의 한계를 결코 뛰어넘을 수 없다. 두고 보아라! 나는 중국으로 건너가 공을 세우고 스스로 영예로운 자리에 올라, 천자의 곁을 드나들 것이다."

과연 그 말처럼 설계두는 당나라로 가서 대장군이 되었다. 신라에서는 육두품 출신이 장군이나 지휘관이 되기란 불가능한 일이었다.

학업을 마치고 동쪽의 신라로 되돌아간 이들을 '동귀자(東歸者)'라 했고, 서쪽의 당나라에 그대로 머무른 이들을 '서화자(西化者)'라 했다. 어떠한 결정을 내리건, 그리고 결정을 내린 뒤에도 신라의 젊은이들은 오래도록 끊임없이 갈등했다. 고국 신라에서 동귀자로 지내면서, 혹은 타국 당나라에서 서화자로 있으면서.

당나라 회남의 군막에 있기는 했지만, 최치원은 자신을 서화자라 생각한 적은 없었다. 그렇다고 '동귀'를 늘 염두에 두고 지낸 것도 아니었다. '서화'를 생각하기에는, 전란의 와중에 당나라에서 보내는 하루하루의 처지가 절박했다. '동귀'를 그려보기에는 아직 젊은 나이에다 당나라 말단 관직 경험만으로 신라에서 어찌 보낼지 막막했다. 그런데 황제가 내린 고위직과 자금빛 하사품으로 '서화'의 앞날이 탄탄하게 보장되던 그때, 최치원은 진지하게 '동귀'를 생각하기 시작했다.

화려한 연회는 끝이 났고, 날마다 군서에 파묻혀 지내는 군막의 나날은 계속되었다. 최치원이 써서 보낸 토벌 사령관의 격문에도 황소는 여전히 장안에서 버티고 있었다. 황제가 장안성으로 돌아오지 못하는 날이 길어질수록 회남 절도사의 위세도 예전 같지 않았다. 지루한 전쟁에 지친 절도사는 한창 유행하던 신선 사상에 빠져들었고, 사령관의 지위도 박탈당했다. 회남 막부는 그 어느 때보다도 어수선했다.

한번 고개를 든 고국을 향한 최치원의 그리움은 더욱 커져만 갔다. '동(東)'이라는 글자를 보노라면 왠지 울컥해 동쪽으로 고개를 돌려 볼 때가 잦았다. 돌아가리라 마음먹긴 했으나, 공첩*을 받은 관리로서 돌아가기란 쉽지 않았다. 막부에 들어온 지도 다섯 해가 되어 가고, 어느새 이십 대를 다 보내고 있었다. 성현께서 스스로 삶을 세우셨다는 이립(而立), 서른 살도 내후년으로 다가왔다. 그때가 되면 자신은 어디에서 뜻을 세우고 또 뜻을 펼치며 살아갈까?

회남은 신라 사신이 당나라 황제를 배알하러 갈 때 거쳐 가는 길목이었다. 최치원은 사신 일행이 전해 주는 고국 소식에 부쩍 귀를 기울였다. 어지러운 당나라와 달리, 차라리 그즈음의 신라는 기대해 볼 만했다.

경문왕의 뒤를 이어 왕위에 오른 헌강왕은 아버지의 정책을 이어받아, 부패하고 무능한 진골 귀족의 횡포를 몰아내고 왕권을 강화하고자 했다. 선왕인 경문왕 대까지만 해도, 권력을 빼앗기지 않으려는 진골 귀족의 저항으로 서라벌 조정이 조용할 날이 없었다. 하지만 헌강왕이 즉위한 지도 십 년이 되어 가는 신라는 이제 어느 정도 안정되었다고 했다. 왕의 측근에 학문과 실력을 갖춘 육두품 관리들을 두었고, 국학을 새로 정비하여 유능한 인재를 더 많이 길러 나갈 계획도 세웠다고 했다. 왕

●　　공첩(公牒): 공적인 일에 관한 편지나 서류.

은 누구에게서나 조언 듣기를 꺼리지 않으며, 능력 있는 인재들이 서라벌로 점점 모이고 있다 했다.

자신보다 이 년 뒤에 당나라의 과거에 급제하고 이내 신라로 돌아가, 사신으로 온 박인범이 전해 주는 이야기에 최치원의 가슴은 뛰었다. 그토록 오래 기다려 온 때가 지금 신라에 있는 듯했다. 성현이 말씀하신 어질고도 공평한 정치를, 어쩌면 고국 신라에서 실현해 볼 수 있지 않을까?

최치원은 결심했다.

'신라로 돌아가리라!'

절도사 고변에게 아뢸 일이 난감했지만, 뜻밖에도 선선히 귀국을 허락했다. 끝이 보이지 않는 전란에서 자신도 벗어나고 싶은 마당에, 고국으로 돌아가겠다는 이방의 청년을 굳이 붙들 이유가 없었던 것이다. 그래도 아끼는 종사관에 대한 자상하고도 각별한 마음만은 여전했다. 근 이십 년 만에 신라로 돌아가는 최치원이 한낱 개인이 아니라, '회남입신라겸송국신등사(淮南入新羅兼送國信等使)'라는 당나라 사절의 자격으로 귀국할 수 있도록 주선해 주었다. 그 밖에도 여비며 필요한 물자도 살뜰히 챙겨 주었다.

회남 막부를 떠난 때는 884년 10월, 늦가을이었다. 대운하를 타고 물길로 산동 항구에 이르기까지는 여정이 순조로웠다. 하

지만 신라로 떠나는 배들이 정박해 있는 산동 포구의 날씨가 좋지 않았다. 동짓달 겨울 바다의 풍랑이 몹시 거칠었다. 거센 바닷바람과 드높은 물결이 좀처럼 잦아들지 않았고, 바다 신에게 제문을 지어 올려 봐도 소용없었다. 꼼짝없이 날이 풀리기를 기다리는 수밖에 없었다. 함께 귀국길에 오른 신라 사신 일행은 난감해했지만, 최치원은 자신을 달랬다. 열여섯 해를 타국에서 보냈는데 두어 달쯤 더 지체한들 대수겠는가…….

지금도 그해 겨울의 산동 바닷가를 잊을 수 없었다. 지나온 삶에서 가장 설레고 환했던 순간은, 소년 급제로 금방에 이름이 내걸렸을 때도, 문장으로 세상 사람들의 칭송을 받았을 때도, 황제가 내린 자금어대를 두 손 들어 받던 때도 아니었다. 두근대는 마음으로 신라로 가는 배가 출발하기를 기다리던 그때였다.

바람이 잦아들 때면 홀로 바닷가를 거닐었다. 포말로 부서지며 발끝을 적시고 또 물러나는 파도는 그리운 동쪽, 신라에서부터 밀려오고 밀려가고 있었다. 저물녘에 파도가 물러가는 모습을 바라보며 바닷가 모래벌판을 걷노라면 시구도 저절로 나왔다.

바닷물 쓸려 간 모랫벌 걷노라니

해 지는 산마루에 저녁놀 자욱하네.

봄빛도 나를 오래 괴롭히지 못하리.

머잖아 고향의 꽃향기에 취할 테니까.

— 최치원, 「한가로이 바닷가를 거닐다(海邊閒步)」

돌아온 신라

가을바람에 괴로이 읊노니

885년 3월, 봄바람에 실려 마침내 최치원은 그리던 신라로 돌아왔다. 낯선 나라로 떠나며 두려움에 떨던 열두 살 소년이, 당나라 황제가 내린 급제 교지와 자금어대를 지닌 스물아홉 살 청년이 되어 신라 땅에 다시 발을 디딘 것이다.

떠날 때와 마찬가지로 배는 상대포 항구에 닿았다. 기억 속에는 어둡고 을씨년스러운 곳으로 오래 새겨져 있었는데, 정작 봄날 항구의 모습은 더없이 환하고 경쾌했다. 구름 걷힌 햇살에 바닷가 모래벌판은 금빛으로 반짝였고, 뱃전까지 날아오는 바닷새의 날개는 더욱 희었다. 예로부터 성현들이, 태양이 뜨고 만물이 소생하는 동쪽 나라라 칭송할 만했다.

"아! 드디어 돌아왔구나. 고향의 봄날이로구나!"

최치원은 어릴 때 고국을 떠났기에 신라 말을 할 기회가 별로 없었다. 태학에서 나와 신라 유학생들과 헤어진 뒤로는 더했다. 최치원에게는 오래도록 중국어가 더 익숙했다. 그런데 배에서 내려 신라 땅에 발을 내딛는 순간, 뜨거운 용암처럼 목울대를 거쳐 먼저 올라오는 것은 신기하게도 계림˙의 언어였다.

그러나 고향의 꽃향기에 취한 날들은 그리 오래가지 못했다. 그사이 신라의 정국이 급변한 것이다.

귀국한 이듬해에, 돌아온 최치원을 반기며 측근에 두려 했던 헌강왕이 세상을 떠났다. 그 뒤를 이은 아우 정강왕도 일 년 만에 승하하고, 여동생 진성여왕이 다음 왕위에 올랐다. 두 아우는 아버지 경문왕과 형이며 오라버니인 헌강왕의 정책을 이어받아 왕권을 확고히 다져 나가려 하였다. 그러나 양대 선왕이 통치한 이십오 년간, 잃어버렸던 권력을 도로 차지하려는 진골 세력의 반발과 공격이 집요했다. 왕의 측근과 진골 귀족 간의,

---

•　계림: '신라'의 다른 이름.

빼앗기지 않고 빼앗으려 하는 팽팽한 싸움이 다시 시작되었다. 부왕과 형제 왕들을 차례로 잃은 여왕의 세력은, 수백 년간 권세를 누려 온 진골 귀족을 상대하기에는 힘겨워 보였다.

당나라에서부터 명성을 떨친 데다 신라 왕과 육두품 관료들이 인정하는 최치원에 대한 진골 귀족들의 시기와 견제도 극심했다. 배운 학문과 품은 뜻을 펼쳐 보지 못하는 것은 신라로 돌아와서도 마찬가지였다. 최치원에게 주어지는 일이라고는 끊임없이 문장을 쓰고 다듬는 것뿐이었다. 회남 막부에서 하던 일이 신라에서도 다르지 않았다. 최치원은 왕과 조정의 명에 따라 당나라 황제에게 올리는 표*를 쓰고, 새로 만든 불상과 고승의 행적에 관한 찬*을 쓰고, 왕실의 초상이 있을 때마다 제문을 쓰고, 나라에서 기념비를 세울 때마다 비문을 썼다.

선대왕들이 스승으로 모시던 무염(無染) 대사의 비문에는, 받아 적는 일만 하는 자신의 심정을 밝혀 두기도 했다.

생각해 보건대 중국에 들어가 공부한 것은 대사나 나나 다름이 없건만, 스승으로 추앙받는 이는 누구이며, 일꾼 노릇을 하는 사람은 누구인가? 어찌하여 대사와 같은 심학자(心學者)

- 표(表): 예전에 사용하던, 외교 문서의 하나.
- 찬(讚): 인물이나 사물을 기리어 칭찬하는 글.

는 높고, 그 말을 받아 적는 나와 같은 구학자(口學者)는 수고
롭단 말인가? 한편으로 또 생각해 보건대, 심학자가 덕을 세
웠다면 구학자는 말을 남겼다. 저 '덕'이란 것도 '말'에 의지
해야만 일컬어질 것이요, 이 '말'이란 것도 '덕'에 기대어야
썩지 않고 오래도록 전해질 것이다.

— 최치원, 「무염화상비명(無染和尚碑銘)」에서

무염 대사는 가르침을 청하는 왕에게 세 마디 말을 전했다
한다. "능관인(能官人)." 신분이나 배경이 아닌, 능력을 먼저 보
고 인재를 공평히 등용하라는 것이었다. 그것만이 기울어 가는
신라를 살릴 방도였다. 대사의 가르침은 신라에서 실현되지 못
했지만, 대사의 '덕'은 최치원의 '말'로써 전해졌다.

최치원은 신라 조정에 더 기대할 것이 없다고 여기고 지방관
으로 나아가기를 청했다. 외직이라 해도 각 주(州)와 소경(小京)
의 책임자인 도독과 사신은 진골만 가능했고, 육두품은 그 아
래의 태수나 현령을 할 수 있었다. 작은 고을을 맡아도 좋으니,
옛 성현의 가르침에 따라 사람들의 삶을 한번 바꾸어 놓고 싶
었다. 최치원은 황궁을 떠나 서쪽 바닷가 태산군•과 부성군•

• 　태산군: 전북 정읍의 옛 이름.
• 　부성군: 충남 서산의 옛 이름.

등의 태수로 자원해 나갔다.

서라벌을 벗어나 보니, 신라의 실상은 생각보다 더 참담했다. 젊은 시절에 당나라의 벌판에서 보았던 백성들의 참혹한 모습은 신라에서도 마찬가지였다. 백성들이 살던 곳을 버리고 사방으로 흩어져, 빈 고을이 대부분이었다. 백성이 없으니 세금이 걷히지 않았고, 남아 있는 이들을 더 쥐어짜니 못 견뎌 또 떠나 버리는 것이다. 터전을 잃고 굶주린 백성들은 산으로 들어가 초적이 되었다. 어질고 유순한 사람들이 모여 사는 태평한 땅이라고 성현들이 칭송하던 동쪽 나라는, 퀭한 눈에 굶주린 도적이 들끓는 땅으로 변해 버렸다. 당나라로 가는 신라의 사신들조차 초적 떼에게 길이 막혀 나아갈 수 없을 지경이었다.

도저히 그대로 있을 수 없어 최치원은 붓을 들었다. 귀국한 지 십 년째 되던 894년 초였다. 문장만으로는 세상과 사람들의 삶을 바꾸지 못한다 해도 그것밖에 할 수 있는 일이 없었고, 이조차도 안 하고는 견딜 수 없었다. 무너져 가는 신라의 주춧돌을 다시 쌓아 보려는 간절한 마음으로, 시급히 정비해야 할 시무책(時務策) 십여 조를 써서 여왕께 올렸다. 신라의 관리로서 쓰는 마지막 문장이 될지도 몰랐다.

최치원이 가장 먼저 강조한 것은, 타고난 골품이 아닌 능력

에 따른 인재의 등용이었다. 어느 시대나 자신만의 평안보다는 더 많은 사람의 더 나은 삶을 먼저 생각하고, 이를 위해 노력하는 사람은 존재하는 법이다. 그런 이들은 헌신으로 사람들의 마음을 얻고, 협력 속에서 사람들이 지닌 장점을 발휘하게 한다. 그리하여 마침내 세상을 더 나은 모습으로 바꾸어 간다. 그러한 인재를 알아보고 쓰이게 할 것인가 아닌가에 따라 나라의 운명, 특히 지금처럼 위태로운 신라의 앞날이 결정될 것이다. 체계적인 교육으로 나랏일 하는 관리를 양성하고, 백성에게 부담이 되는 조세 제도도 개혁해야 함을 밝혀 놓았다.

최치원의 충심을 여왕도 모르지 않았다. 진골 귀족들의 공세에 좌절하고 때로 부정과 환락 속에 주저앉아 버리기도 했지만, 그래도 신라의 기틀을 다시 닦으려던 경문왕의 딸이자 헌강왕의 여동생이었다. 그러나 여왕의 대에 왕권은 쇠퇴하고 진골 귀족이 권력을 독차지하는 시대가 다시 이어지고 있었다. 여왕 대신, 자신들의 손 안에 둘 수 있는 만만한 왕을 새로 찾으려는 귀족들의 움직임은 이미 거리낌이 없었다. 최치원의 시무책을 받아 본 여왕이 할 수 있는 일이라고는, 육두품에게는 최고의 관직인 아찬을 제수하는 것뿐이었다. 상으로 내린 가장 높은 지위가 육 등급 아찬이라는 사실은 골품의 철벽같은 한계를 다시금 확인해 주었다. 현실에서는 쓰이지 못할 최치원의 시무책의 운명도 함께 말해 주었다.

그 이듬해에 헌강왕의 아들이자 여왕의 조카라는 소년이 궁에 들어왔다. 아버지라는 왕의 생전에는 정작 눈길을 끌지 못한 소년이었다. 진골 귀족들의 등쌀에 여왕은 시골 소년 요(嶢)를 태자로 책봉했다. 그리고 태자가 열다섯 살이 되는 이 년 뒤에 왕위를 물려주기로 했다. 태자의 뒤에는 각간 예겸(乂謙)이 있었다. 집사성의 수장인 시중(侍中)까지 하다가 헌강왕이 왕권을 강화하던 시기에 물러난 진골 귀족이었다. 예겸은 이제 예전의 권력을 되찾은 듯이 보였다. 태자가 왕위에 오르자 딸을 왕비로 만들어, 자신의 권력을 더욱더 확고히 했다.

태자가 황궁에 들어오던 895년의 늦가을, 최치원은 조정에 대한 미련을 거두고 서라벌을 떠나 소요하였다. 신라로 돌아온 지 십 년 만이었다. 태수로 나가 있던 서쪽 바닷가와 남쪽의 큰 산들을 두루 거쳤다. 산과 들도 저물어 가는 신라와 마찬가지로 빛을 잃고 있었다. 깊은 산은 그래도 좀 나았지만, 사람의 마을이 기댄 곳은 한결같이 벌건 민둥산이었다. 굶주림과 추위에 지친 백성들은 나뭇가지와 줄기는 물론, 밑동과 풀뿌리조차 내버려 두지 않았다. 그러다 사람도 짐승도 깃들지 못하고 떠나 버린 빈산이 되었다. 텅 빈 산과 들, 사람의 마을을 보노라니, 신라에 봄은 다시 오지 않을 성싶었다.

늦가을 비가 추적추적 내리는 어느 깊은 밤이었다. 이곳저곳 떠돌다 찾아든 산사의 작은 방 안에서 최치원은 등잔의 심지도 돋우지 않고 홀로 앉아 있었다. 휘이잉―, 빗소리에 바람 소리도 섞여서 들려왔다. 애써 나뭇가지에 매달려 있던 잎들은 저 비바람에 하나둘 떨어져 젖은 낙엽이 되어 가리라. 한번씩 비가 내릴 때마다 계절은 앞으로 나아갔다. 이 비 그치면 가을은 더욱 깊어 겨울의 문턱에 들어설 것이다.

바람벽에 기대어 빗소리를 듣고 있노라니 십 년, 또 십 년의 시간을 거슬러 옛날로 되돌아간 듯했다. 가물가물한 불빛 너머로, 낯선 나라의 남루한 방에 앉아 있는 외로운 젊은이의 모습이 보였다.

> 가을바람에 괴로이 읊노니
> 세상에 나를 알아주는 이 없어라.
> 창밖은 깊은 밤 비 내리는데
> 등불 앞 내 마음은 만 리를 달리네.
>
> ―최치원, 「가을밤에 비는 내리고〔秋夜雨中〕」

그리던 신라로 돌아왔건만, 변한 것은 아무것도 없었다. 낯선 나라를 떠돌던 젊은이는 고국에서도 여전히 자신이 쓰일 곳을 찾아다녔고, 어디에서도 끝내 찾지 못했다. 흰 머리칼이 반넘어 차지한 지금도 마찬가지였다. 병든 몸으로 산사에 들어와 있어도 늘 길 위에 있는 것처럼 고단했다. 그리운 동쪽의 고국으로, 차라리 떠나온 중국으로, 다시 신라로……. 언제나 마음은 외로이 떠도는 구름처럼 만 리를 달렸다.

낡은 것은 새로운 것에게

타타타타─.

만 리를 더듬고 시간을 오르내리느라 혼곤해진 최치원을 익숙한 소리가 일깨웠다. 굵은 돌가루가 깔린 절 마당을 달려가는 발걸음 소리였다.

요사채 오른편으로 돌아 나가는 소리는 비로전 뒤로 난 오솔길 쪽으로 사라져 갔다. 산 중턱의 마애불 동쪽으로 가는 걸음일 테니 희랑을 따르는 무리일 것이다. 관혜의 무리는 왼편으로 내려가, 서쪽 계곡 건너 원당암 부근이나 때로는 비봉산까지 오른다 했다. 서로 방향은 다르지만, 땅을 차며 달려가는 두 다리도, 두근거리는 심장의 박동도 힘차게 뛰는 젊은이들이었다. 저들의 활기찬 기운도 그렇지만, 분명한 목적지가 있다는 점이 최치원은 더 부러웠다.

그러고 보면 현준 큰스님에게도 나름의 방향이 있었다. 도량의 기문과 고승의 전기가 완성될 때마다 크게 기뻐하시며 산사의 안팎으로 널리 전하셨다. 큰스님은 앞으로도 젊은 스님들과 중생에게, 구도의 길을 걷던 고승들과 태평하고 풍요롭던 옛 신라의 모습을 전하려 애쓰실 것이다. 스님은 신라가 다시 번영과 태평을 누릴 수 있으리라 믿으셨다. 하지만 지나간 전성기를 수없이 되뇌어 보는 것으로 지금 신라의 모습이 달라질 수 있을까. 산사의 바깥으로 눈길을 돌리고 자꾸만 그리로 향하는 젊은 스님들의 걸음을, 큰스님도 더는 어찌하시지 못하리라.

큰스님과 비슷한 연배인, 서라벌 황궁에서 본 예겸의 얼굴도 떠올랐다. 최치원이 처음 귀국했을 때만 해도, 예겸은 왕의 권력과 위엄에 눌려 어두운 표정이었다. 그러나 헌강왕이 세상을 떠난 후에 차츰 예전의 지위와 권세를 회복했다. 예겸의 얼굴에는, 입고 있는 진골 귀족의 자색 공복처럼 다시 거만한 빛이 돌았다.

예겸에게도 뚜렷한 방향과 목적이 있었다. 지금 손아귀에 들어온 권력을 다시는 빼앗기지 않고 영원히 누리겠다는 것이다. 여왕의 양위*를 강제로 받아 낸 뒤 태자를 즉위시켜 사위로 삼

앉지만, 십 년이 되어 가도록 왕실에는 후사가 없었다. 얼마 전부터, 예겸이 의붓아들인 경휘로 다음 보위를 이으려 한다는 이야기가 외딴 산사에까지 들려왔다. 자신의 가문인, 혁거세왕의 박씨 왕조를 다시 세우려 한다는 이야기였다. 예겸이 권력에서 물러나 있던 세월은 십 년도 안 되었건만, 잃어버린 시간을 보상받고 앞으로도 확고히 누리려는 탐욕은 크고도 집요했다. 하지만 왕실의 성을 김씨에서 박씨로 바꾸어 놓는다 해서 신라가 다시 일어날 것이라고는, 그조차도 믿지 않으리라.

최치원 자신은 어떠한가. 이대로의 신라는 가망 없다고 여겼지만, 그래도 신라가 아닌 다른 새로운 나라를 꿈꾸게 되지는 않았다. 낯선 땅에서 사무치게 고국 신라를 그리워하던 세월이 너무 길어서였을까. 신라에는 이미 균열이 생겨났고 머지않아 바수어지리라는 점은 분명해 보였다. 그렇다고 저 젊은이들처럼 아예 새로운 그릇을 만들어 보겠다는 엄두는 안 생겼다. 단지 금이 조금 갔을 뿐, 원래의 흙으로 잘 메우면 되리라는 현준 큰스님과 같은 생각도 아니었다. 먼 훗날에야 산산이 조각나건 말건, 자신의 당대만 피하면 된다는 예겸과는 더더욱 달랐다.

"후우—."

●   양위(讓位): 임금의 자리를 물려줌.

최치원은 한숨을 깊이 내쉬었다. 산사의 안이나 밖이나 저마다의 길을 가느라 다들 분주했다. 그런데 이러지도 저러지도 못한 채, 앞을 내다보다 다시 뒤돌아보며 세월만 보내고 있었다. 쇠약해진 신라처럼 자신도 병든 지 오래라 그런 걸까? 병든 몸이 마음을 약하게 하고, 약해진 마음이 또 병을 더 깊게 하는 무기력한 나날들⋯⋯.

한편으로는 백성들이 실제로 더 나은 삶을 살아가게 된다면, 그 나라의 이름이 무어라 불린들 어떠하랴 싶은 생각도 들었다. 옛 가야와 백제, 고구려 그리고 북녘의 발해까지도 처음 나라를 세울 때의 마음은 백성을 생각하고 위하는 것 아니었던가. 스러져 가는 나라의 이름을 부여잡고 지나간 영화를 곱씹어 무얼 한단 말인가.

그런 생각을 하다가도 돌아서면 목이 메었다. 어두운 골방에 병들어 누워 계신 어머니처럼, '신라'는 아픈 이름이었다. 머릿속 이성은 새로운 세상이 와야 한다는 생각에 고개를 끄덕이지만, 마음속 감성은 오랫동안 그리워했던 신라에 연연했다. 최치원이 황궁을 떠나자, 중국 황제에게 올릴 문서를 작성하느라 다급해진 조정은 산사에까지 사람을 보내왔다. 그때 망설이지 않고 붓을 들어 신라의 처지를 변명하고 호소한 것은, 눈물 흘리며 피붙이를 감싸는 마음과도 같았다. 하지만 그것도 오류

년 전의 일로, 신라는 이제 정식으로 국서를 쓰고 보낼 여력도 없어 보였다. 최치원에게까지 손을 내밀어 오지 않은 지도 오래되었다.

산사에 들어온 뒤로 세월을 꼽아 보는 일을 그만두었다. 그러나 지천명의 쉰이 다가오고 있음은 최치원도 알고 있었다. 짐짓 모르쇠를 대긴 했지만, 하늘의 명에 대해서도 짐작이 갔다. 겨울은 봄에게, 저무는 해는 다음 날 떠오를 해에게, 그리고 낡은 것은 새로운 것에게 자리를 내주어야 한다는 것이다. 쇠한 신라도, 신라의 사람도 마찬가지였다. 낡고 금이 간 데다 부피도 작아져 새로운 세상을 담을 수 없는 그릇은 바꾸어야만 한다. 이제껏 해 온 대로 경험 많은 내가 주관하겠다며 나설 일도 아니었고, 반드시 내 손으로 해야만 한다고 고집부릴 일도 아니었다. 차근차근 새로운 그릇을 만들고 채워 갈 이들은 언제나 새로 또 생겨날 것이다. 스러지고 태어나는 사람의 역사가 늘 그래 왔듯이.

그렇다 해서 노쇠한 사람들은 할 수 없고, 젊은이들이라면 다 할 수 있는 것은 아니다. 오래 고여 썩은 못물 대신 콸콸 내려오는 물길을 새로 터 주려는 사람이라면, 비록 얼굴은 주름지고 머리는 희어졌어도 그의 심장은 힘차게 뛰고 있으리라. 대대로 내려오는 집안의 권세에 기대어 고인 못 안의 세상이 영원하기를 바라거나, 절망에 빠져서 될 대로 되라며 지내는 젊은이들도 있을 것이다. 그렇다면 비록 얼굴은 환하고 근육은 탄탄하다 할지라도, 그의 눈에는 빛이 없고 심장의 박동도 희미하리라. 생명의 기운은 가슴속에 지닌 생각에서 우러나오는 법이다. 자신만이 아니라 다른 이들도 더불어 살리려는 생각과 거기에서 비롯되고 드러나는 기운.

또한, 옛사람은 말씀하셨다.

"걸왕(桀王)과 주왕(紂王)이 천하를 잃은 것은 백성을 잃었기 때문이니, 백성을 잃은 것은 그들의 마음을 잃은 것이다. 천하를 얻는 데에는 도(道)가 있으니, 백성을 얻으면 천하를 얻는 것이다. 백성을 얻으려면 그들의 마음을 얻어야 한다. 그 마음을 얻으려면 바라는 것으로 모여들게 하고, 싫어하는 것을 베풀지 말아야 한다."(『맹자』「이루(離婁) 상」)

지금 천하를 얻겠다며 나선 후백제의 견훤은, 고구려의 궁예와 젊은 장수 왕건은, 그리고 희랑과 관혜를 비롯한 산사의 젊은 스님들은 과연 백성의 마음을 얻었을까? 백성들이 원하는 것은 무엇일까? 저마다 일하고 때로 휴식하며, 평화로운 웃음과 선한 마음을 서로 나누는 것. 백성들이 싫어하는 것은 무엇일까? 다 빼앗기고 난 뒤의 굶주림과 추위, 끝도 없이 벌어지는 전쟁, 부당한 차별과 모욕…….

끝없이 이어지는 생각을 도리머리하고 물리며 최치원은 서안을 끌어당겼다. 얼마 남지 않은 법장 대사의 전기를 이제는 마무리해야만 했다. 앞으로는 긴 문장 쓰는 일이 없으리라는 생각도 들었다. 텅 비어 가는 산사와 세간에, 더는 자신의 글을 읽어 줄 이도 남지 않았다.

밤이 되니 계곡물 소리가 더욱 크게 들려왔다. 축축한 기운도 다시 기승을 부렸다. 붓을 든 어깨에 쇳덩이가 매달린 양 또 무거워졌다. 자꾸만 아래로 처지려는 팔을 애서 들어 올리며, 최치원은 갈아 놓은 먹물에 붓을 적셨다. 법장 대사가 열반˚에 드시는 마지막 대목이었다.

난세에 무슨 일을 더 이룰 것인가

전기가 마무리되었다는 소식을 듣고 큰스님이 벌써 몇 번이나 걸음 하셨는지 모른다. 그러나 최치원은 여전히 서안을 물리지 않았고, 필묵이 마르게 두지도 않았다. 법장 대사께서 열반하시고 난 뒤, 황제가 내리신 말씀과 세세한 부의˚까지 기

- 열반(涅槃): 승려의 죽음을 이르는 말.
- 부의(賻儀): 상가에 부조로 보내는 돈이나 물품.

록하였으나 어딘지 아쉬웠다. 법장 대사의 전기를 찬술하고자한 현준 큰스님의 뜻과 자신이 집필하게 된 인연을 말미에 밝혀 두기도 했다. 모자라고 아쉬운 부분은 뒤에 오는 박식자(博識者)가 삭제하고 보충하기 바란다는 말도 덧붙였다. 그래도 완성된 두루마리로 좀처럼 내어놓게 되지 않았다.

왜 이다지도 붓을 후련하게 놓지 못하는 걸까? 전기를 쓰고 문장을 남기는 것이 마지막이 되리라는 예감 때문이었을까. 여러 날이 흐르도록 붓을 들지도, 그렇다고 놓지도 못하던 최치원은 「법장화상전」의 마지막에 긴 후서(後序)를 덧붙였다. 자신의 솔직한 마음을 담은 글로, 이제까지의 저술에서는 없던 것이었다.

이 세상의 사람이건, 다음 세상의 사람이건 누구에게라도 자신의 마음을 한번 털어놓고 싶었다. 쉰이 되어 가도록, 자신을 알아보아 주고 마음을 나눌 이를 이 세상에서는 만나지 못했다. 아마도 그러한 이가 있다면 다음 세상의 사람이리라. 직접 만나 눈빛과 웃음을 나누고, 손잡고 온기도 나누면 좋겠지만, 끝내 보지 못한다 해도 어쩔 수 없었다. 같은 세상을 살아가도 무덤덤하게 스쳐 지나가는 이들보다는, 글로나마 자신의 진정을 알아보아 줄 다음 세상의 누군가에게 더 애틋한 마음이 들었다.

최치원은 알지 못하는 그들에게 자신의 마음을 털어놓았다.

> 때는 904년 봄, 나는 신라국 해인사 화엄원에서 난리도 피하
> 고 병도 요양하였다. 비록 하계*에서 태어났지만, 다행히 높
> 은 곳에서 뭇 봉우리들과 나란히 지내면서 세상일을 던져버
> 렸다……

이어 화창한 봄을 맞아 산중 세상은 온통 윤기가 흐르는데,
병들어 누워 있는 쓸쓸한 처지를 전했다. 아픈 부위마다 뜸질
하는 데도 지쳐, 이대로 병든 몸을 불살라 버리고 싶다는 절망
도 토로하였다. 그저 종이 위에 붓 가는 대로 자신의 마음을 적
고 있을 뿐인데, 앞에 귀기울여 듣는 이가 있는 것처럼 괜히 콧
날이 시큰거렸다.

법장 대사의 일대기를 쓰면서 자신의 삶도 돌아보니, 억겁의
세월에서 사람의 일평생은 한바탕 꿈과 같다는 생각이 들었다.
겁에 질린 눈망울로 큰 돛이 펄럭이는 배에 홀로 오르던 소년,
낯선 나라의 길 위를 먼지처럼 떠돌던 외로운 청년, 천하를 놀
라게 한 문장으로 황제에게 받은 자금어대의 찬란한 빛깔, 고

• 하계(下界): 사람이 사는 이 세상.

국에 돌아와서도 떠돌아다니며 듣던 가을밤의 빗소리, 병들어 누운 산사의 어두컴컴한 방 안……. 그러고 보면 꿈결 같은 세상을 참으로 곤하게도 달려왔다.

일생을 돌아보며 꿈이라 여기는 것은 자신만이 아닌 모양이다. 중국에 있을 때부터 이름을 들어 왔던 육구몽(陸龜蒙)의 단장*이 생각났다.

덧없는 세상 생각하니 꿈결 같음을 어이하랴.
남쪽 창에 기대어 한번 졸아 볼까 하노라.

육구몽은 당나라 말의 혼란기에 최치원처럼 막부에서 지내다가, 고향으로 돌아가 은거한 시인이다. 전란으로 끝내 뜻을 펼칠 수 없는 세상을 살아가며, 그도 삶은 한바탕 꿈이라 여긴 것일까? 이윽고 최치원도 붓을 들어 짧은 절구로 마무리하였다.

난세에 무슨 일을 더 이룰 것인가.
칠불감*만 더할 뿐이네.

• 　단장(斷章): 한 체계로 묶지 아니하고 몇 줄씩의 산문체로 토막을 지어 적은 글.
• 　칠불감(七不堪): 중국 위나라 혜강(嵇康)이 말한 '관직을 감당할 수 없는 일곱 가지 일'.

◆

「법장화상전」을 찬술한 갑자년(904) 봄 이래로 최치원은 좀처럼 붓을 들지 않았다. 몇 해 뒤에 요청이 있어 수창군* 팔각등누각의 기문을 쓰긴 했으나, 그것이 마지막이었다. 그의 빼어난 문장은 세상에 더 나오지 않았다.

다시 나오지 않은 것은 그 자신도 마찬가지였다. 세상은 여전히 어지러웠고, 세월은 또 흘러만 갔다. 그러던 어느 날, 산사 뒤편 전나무 숲으로 들어가는 작은 오솔길 입구에 낡은 갓신 한 켤레가 놓여 있었다. 최치원의 걸음을 늘 지탱해 주던 손때 묻은 지팡이도 어린 전나무 옆에 세워져 있었다. 그가 세상에 남겨 놓은 마지막 흔적이었다. 새 세상을 만들고자 하는 젊은이들에게 기꺼이 자리를 내주는 앞사람의 마음이기도 했다.

훗날, 사람들은 최치원이 그 길로 하늘에 올라가 신선이 되었다고 이야기했다. 때로 남녘의 깊은 산속에 내려와 시를 읊고 가야금을 탄다는 소리도 들렸다. 몇 백 년의 세월이 흘러가도 여전히 깊은 산중에서 그를 보았다는 사람들이 있었다. 구름같이 하얀 수염에 머리칼은 물론 눈썹마저 온통 하얀 모습이

* 수창군: 대구 수성과 달성 지역의 옛 지명.

마지막 그대로라 했다. 하지만 처음 산에 들어오면서 지은 시
처럼, 최치원은 바깥세상으로 다시는 나오지 않았다. 외로이
읊던 그의 시와 문장만이 세상에 오래오래 전해졌을 따름이다.

스님이여, 청산이 좋다는 말을 마오.

산이 좋다면서 무엇 하러 다시 나오시오?

두고 보오, 훗날 나의 자취를.

한번 산에 들면 다시는 나오지 않으리니.

─최치원, 「산속 승려에게(贈山僧)」

45쪽 • 「매화나무〔梅〕」
柴門無剝啄 茅堂無雕繪 未老絶世紛 矯首懷千載
古人不可見 惟當意以會 庭植有梅花 三英未全沫
境峭風雪中 氣全山林內 一笑比河淸 些恐紅塵浼
安得如梅人 百年澹相對

49~50쪽 • 「11월 29일에 만수동에서 월곡으로 이거하다〔十一月二十九日自萬壽洞移居月谷〕」에서
山居畏岩險 樂此平如砥 騎驢直抵門 夜深溪月墜
擧眼皆康莊 不必求福地 苦覓桃花源 諒是愚夫事
笑指南山霧 豹隱且墟里

54쪽 • 「조정승 병세(趙政丞 秉世)」에서
大臣死國難 尤異庶僚殉 砰訇動地維 有似山岳隕

61쪽 • 「손자를 안게 된 기쁨〔抱孫志喜〕」에서
不慕高官不厭貧 逍遙樂國葆天眞 丁寧付與書千卷 世世人稱識字人

67쪽 • 「꿈에 영재를 보다〔夢寧齋〕」에서
天下傷心事 夢見平生友 歡欣不多時 覺來悵恨久
蕭騷風敲竹 晃虛雪映牖 振衣獨出門 寒天燦星斗

70~71쪽 • 「김택영이 나라를 떠났다는 소식을 듣고 짓다〔聞金滄江去國作〕」에서
漢水波沸南山崩 普天雰霾左袵慟 廟堂肉食盡穿鼻 縶縛輾下鞭不動
惟君有眼炳先幾 死也無地生無用 忽劈吳淞快剪刀 體不勝衣誇大勇

73~74쪽 • 「해학을 곡하다〔哭海鶴〕」에서
子達何曾悲客死 時危吾自慟人亡 一棺難戢英雄氣 應有虹騰藁葬傍

78쪽 • 「오십오 세의 내 작은 초상화를 스스로 기리며〔五十五歲小影自贊〕」
曾不和光混塵 亦非悲歌慷慨 嗜讀書而不能齒文苑 嗜遠游而不能涉渤海
但嘐嘐然古之人古之人 問汝一生胸中有何壘塊

86, 87, 89쪽 • 「절명시(絶命詩)」
亂離滾到白頭年 幾合捐生却末然 今日眞成無可奈 輝輝風燭照蒼天

妖氛晻翳帝星移 九闕沉沉晝漏遲 詔勅從今無復有 琳琅一紙淚千絲
鳥獸哀鳴海岳嚬 槿花世界已沉淪 秋燈掩卷懷千古 難作人間識字人

曾無支廈半椽功 只是成仁不是忠 止竟僅能追尹穀 當時愧不躡陳東

106쪽 •「가야산 독서당에 부치다〔題伽倻山讀書堂〕」
狂奔疊石吼重巒 人語難分咫尺間 常恐是非聲到耳 故敎流水盡籠山

129～130쪽 •「새벽을 노래하다〔詠曉〕」에서
及其氣爽淸晨 魂澄碧落 藹高影於夷夏 蕩回陰於巖壑
千門萬戶兮始開 洞乾坤之寥廓

132쪽 •「길에서 쓰다〔途中作〕」
東飄西轉路歧塵 獨策羸驂幾苦辛 不是不知歸去好 只緣歸去又家貧

140쪽
南無亡國刹尼那帝 判尼判尼蘇判尼 于于三阿干 鳧伊娑婆訶

164～165쪽 •「한가로이 바닷가를 거닐다〔海邊閒步〕」
潮波靜退步登沙 落日山頭簇暮霞 春色不應長惱我 看看卽醉故園花

174쪽 •「가을밤에 비는 내리고〔秋夜雨中〕」
秋風惟苦吟 世路少知音 窓外三更雨 燈前萬里心

184쪽 육구몽의 단장
思量浮世何如夢 試就南窓一寐看

184쪽 절구
亂世成何事 唯添七不堪

186쪽 • 「산속 승려에게[贈山僧]」

僧乎莫道靑山好 山好何事更出山 試看他日吾踪跡 一入靑山更不還

참고 자료―황현 편

책

『구례군지』 상·중·하, 구례군지편찬위원회 2005.

『(국역) 황매천 및 관련 인사 문묵췌편(文墨萃編)』 상·하, 최승효 편저, 미래문화사 1985.

『매천 시 연구』, 이병기 지음, 보고사 1994.

『매천 황현 산문 연구』, 이병기 지음, 보고사 1995.

『매천야록』 상·중·하, 황현 지음, 이장희 옮김, 명문당 2008.

『매천야록』, 황현 지음, 허경진 옮김, 서해문집 2006.

『매천집』 1~4, 황현 지음, 임정기·박헌순·권경열·이기찬 옮김, 한국고전번역원 2010.

『맹자』, 맹자 지음, 박경환 옮김, 홍익출판사 2005.

『(역주) 매천 황현 시집』 상·중·하, 황현 저, 이병기·김영붕 공역, 보고사 2007.

논문

「김창강과 황매천 그 정운(停雲)의 시」, 황수정, 『고시가연구』 제28집, 한국고시가문학회 2011.

「매천 시에 나타난 역사의식」, 황수정, 『고시가연구』 제12집, 한국고시가문학회 2003.

「매천 시의 이해를 위한 전기 연구」, 황수정, 『고시가연구』 제10집, 한국고시가문학회 2002.

「매천 황현 교유시(交遊詩) 연구」, 황수정, 『고시가연구』 제14집, 한국고시가문학회 2004.

「매천 황현 시에 나타난 실행성(實行性)」, 황수정, 『고시가연구』 제13집, 한국고시가
    문학회 2004.

「매천 황현의 시문학 연구」, 황수정, 조선대학교 국어국문학과 박사학위논문 2006.

「매천 황현의 전기 연구」, 황수정, 순천대학교 국어국문학과 석사학위논문 2003.

「매천 황현론」, 이현희, 『나라사랑』 제46집, 외솔회 1983.

「매천 황현의 동학 농민군과 일본군에 대한 인식」, 박맹수, 『한국근현대사연구』 제55
    집, 한국근현대사학회 2010.

「매천 황현의 서울 경험과 시문학」, 배종석, 『한문고전연구』 제25집, 한국한문고전학
    회 2012.

「매천 황현의 시문학」, 이병주, 『나라사랑』 제46집, 외솔회 1983.

「매천 황현의 '원식십오영(園植十五咏)' 형상화 방식」, 황수정, 『고시가연구』 제30집,
    한국고시가문학회 2012.

「매천 황현의 자긍(自矜)에 대하여」, 정양원, 『동방학지』 제54 · 55 · 56집, 연세대학교
    출판부 1987.

「『매천야록』 바로 읽기를 통한 한국 근대사 연구의 초석 쌓기」, 한철호, 『민족문학사
    연구』 제28호, 민족문학사학회 민족문학사연구소 2005.

「『매천야록』에 나타난 황현의 왕실 인식」, 김항구, 『인문논총』 제10집, 한국교원대학
    인문과학연구소 2010.

「매천야록에 대하여」, 이장희, 『나라사랑』 제46집, 외솔회 1983.

「매천의 생애」, 황용수, 『나라사랑』 제46집, 외솔회 1983.

「매천의 애국 사상」, 김창수, 『나라사랑』 제46집, 외솔회 1983.

「매천의 역사의식」, 홍이섭, 『나라사랑』 제46집, 외솔회 1983.

「매천의 죽음과 문학적 성과」, 허경진, 『민족문화』 제36집(2010), 한국고전번역원
    2011.

「민족의식과 이상적인 삶―한말 지리산권 시인 매천 황현의 우국시를 중심으로」, 문
    동규, 『남도문화연구』 제23집, 순천대학교 지리산권문화연구원 남도문화연구소
    2012.

「석전 황원의 항일 저항시 연구」, 김정환, 『고시가연구』 제17집, 한국고시가문학회
    2006.

「척독(尺牘)을 통해 본 매천 황현의 삶의 자세와 시대 인식」, 김소영, 『한문학보』 제

10집, 우리한문학회 2004.

「황매천의 중국 절의지사에 대한 지향」, 황수정, 『한국언어문학』 제71집, 한국언어문학회 2009.

「황현 연구」, 심영의, 『어문논총』 제19호, 전남대 한국어문학연구소 2008.

조선왕조실록 http://sillok.history.go.kr

참고 자료—최치원 편

책

『고운 사상의 맥』, 최영성 지음, 심산 2008.

『고운의 사상과 문학—향토 정신의 새로운 정립을 위한 최치원 연구 학술대회』, 김승찬 외, 고운선생 연구논총 간행위원회 1997.

『고운집』, 최치원 지음, 이상현 옮김, 한국고전번역원 기획, 사단법인 올재 2011.

『맹자』, 맹자 지음, 박경환 옮김, 홍익출판사 2005.

『삼국사기』, 김부식 지음, 이병도 역주, 을유문화사 1996.

『삼국사기』, 김부식 지음, 김아리 편역, 돌베개 2012.

『삼국유사』, 일연 지음, 김원중 옮김, 민음사 2007.

『새벽에 홀로 깨어—최치원 선집』, 최치원 지음, 김수영 편역, 돌베개 2008.

『신라 말 고려 초의 정치·사회 변동』, 한국고대사연구회 엮음, 신서원 1994.

『신라 최고의 사상가 최치원 탐구』, 한국사학회·동국대학교 신라문화연구소 엮음, 주류성 2001.

『(역주) 최치원 전집 2—고운 문집』, 최영성 옮김, 아세아문화사 1999.

『중국의 최치원 연구』, 하진화 외 지음, 조성환 편역, 심산 2009.

『최치원, 젓나무로 다시 태어나다』, 강판권 지음, 계명대학교 출판부 2008.

『최치원의 사회 사상 연구』, 장일규 지음, 신서원 2008.

『최치원이 남기고 간 이야기』, 임영주·송성안·한정호 엮음, 마산문화원 2012.

『한국사 11—신라의 쇠퇴와 후삼국』, 국사편찬위원회 엮음, 탐구당 1996.

『한국사 3—고대 사회에서 중세 사회로 1』, 강만길 지음, 한길사 1995.

『한국사 4—고대 사회에서 중세 사회로 2』, 강만길 지음, 한길사 1995.

『해인사』, 이재창·장경호·장충식 글, 김종섭 사진, 대원사 1993.

『해인사』, 한국불교연구원 지음, 일지사 1975.

논문

「고운 최치원의 술회시(逃懷詩) 연구」, 이정화, 『한국 사상과 문화』 제28권, 한국사상
　　문화학회 2005.

「고운 한시에 나타난 이원적 현실 인식과 갈등 연구」, 강구율, 『문학과 언어』 제23집,
　　문학과언어학회 2001.

「몇 개의 빈출(頻出) 시어로 본 최치원의 시」, 유영봉, 『한문학보』 제7집, 우리한문학
　　회 2002.

「신라 말 경주최씨 유학자와 그 활동」, 장일규, 『사학연구』 제45호, 한국사학회 1992.

「신라 하대 말의 정치 사회와 경문왕가」, 전기웅, 『부산사학』 제16집, 부산사학회
　　1989.

「최고운의 생애와 문학」, 정대구, 『명지어문학』 제19호, 명지대학교 국어국문학과
　　1990.

「최치원 시의 고향 의식」, 성낙희, 『한중인문학연구』 제15집, 한중인문학회 2005.

「최치원 시의 두 가지 성격에 대하여」, 성낙희, 『중한인문과학연구』 제3집, 중한인문
　　과학연구회 1998.

「최치원의 산수 은둔」, 손오규, 『어문교육논집』 제13 · 14집, 부산대학교 국어교육학
　　과 1994.

「최치원의 생애 연구」, 이재운, 『전주사학』 제3집, 전주대학교 전주사학연구소 1995.

「최치원의 서정시에 나타난 소외 의식」, 정종대, 『국어교육』 제73 · 74호, 한국국어교
　　육연구회 1991.

「최치원의 재당생애(在唐生涯) 재고찰」, 이황진, 『한국민족문화』 제42호, 부산대학교
　　한국민족문화연구소 2012.

「최치원의 전기적 연구」, 성낙희, 『원우론총』 제4집, 숙명여자대학교 대학원원우회
　　1986.

역사에서 걸어 나온 사람들 1

마지막 문장 — 황현·최치원, 시대의 최후를 기록하다

초판 1쇄 발행 2020년 2월 20일

지은이 | 안소영
삽화 | 이윤희
교정 | 문해순
디자인 | 여상우

펴낸이 | 박숙희
펴낸곳 | 메멘토
신고 | 2012년 2월 8일 제25100-2012-32호
주소 | 서울시 은평구 연서로 182-1, 502호(대조동)
전화 | 070-8256-1543 팩스 | 0505-330-1543
이메일 | mementopub@gmail.com
블로그 | http://mementopub.tistory.com
페이스북 | www.facebook.com/mementopub

ⓒ안소영·이윤희
ISBN 978-89-98614-74-4 (세트)
ISBN 978-89-98614-75-1 (04910)

이 도서의 국립중앙도서관 출판예정도서목록(CIP)은 서지정보유통지원시스템
홈페이지(http://seoji.nl.go.kr)와 국가자료종합목록 구축시스템(http://kolis-net.nl.go.kr)에서
이용하실 수 있습니다. (CIP제어번호 : CIP2020004940)